RECURSOS PRELIMINARES DE RECUPERACIÓN ACADÉMICA

Para Institutos y Seminarios Bíblicos

Orientación sobre aprendizaje,
lectura, memoria, interpretación,
gramática, investigación
y redacción

WILFREDO CALDERÓN

SENDA de VIDA
PUBLISHER CO.
Miami, Florida

RECURSOS PRELIMINARES
DE RECUPERACIÓN ACADÉMICA

Copyright ©2014 Gospel Press/Div. Senda Vida

GOSPEL PRESS, DIV. DE SENDA DE VIDA PUBLISHERS
P.O. Box 559055, Miami, Florida 33255

Este libro fue escrito originalmente en castellano por Wilfredo Calderón.
Revisión y corrección: José Sifonte
Diseño de portada: Marlen Montejo
Diagramación: Marlen Montejo

Producto 13854
ISBN 978-0-938127-04-8
2014 Primera Edición

A menos que se indique lo contrario, todas las citas bíblicas fueron tomadas de la Biblia Versión Reina-Valera, revisión de 1960, usadas con la debida autorización.

Prólogo

Dirigimos estas primeras palabras a todos los que se hagan el propósito de leer esta obra, ya sea como parte de un programa de estudios, o por el deseo personal de recuperar elementos ya un tanto olvidados. Este curso se propone revivir experiencias del pasado que con el desuso ya no están al alcance de la mente en un momento dado. Siempre es recomendable echar una mirada retrospectiva a aquellas experiencias que vivimos en épocas ya extintas.

Con relación a este proceso de recuperación debemos recordar las palabras de nuestro Señor y Maestro quien dijo que, "[…] todo escriba docto en el reino de los cielos es semejante a un padre de familia, que saca de su tesoro cosas nuevas y cosas viejas" (Mateo 13:52). Las cosas "viejas" son parte del tesoro que una vez acariciamos y formó parte del cúmulo de conocimientos adquiridos en nuestra niñez y juventud. Ahora que nos estamos preparando para el desempeño de nuevas labores en el reino de los cielos, o que quizás ya las estamos desempeñando, vemos que todos esos recursos nos serían de gran utilidad en nuestras funciones.

Planes o programas de extensión, están dándoles a todos los interesados la oportunidad de volver a un ambiente de escuela; nuevas oportunidades de aprendizaje práctico para prepararse mejor y ser más eficientes en la viña del Señor. Hay actitudes y aptitudes que deben cultivarse hábitos de lectura y estudio que deben ser adoptados para tener éxito en los ámbitos educacionales. Se debe volver a las cartillas de la gramática y conocer, por lo menos, los más elementales principios del lenguaje, pues la comunicación oral, escrita y gestual es la base de todo ejercicio educativo. Es importante también señalar algunos detalles relacionados con el proceso enseñanza-aprendizaje para que los estudiantes anticipen lo que se hará a través de cursos pedagógicos. Sobresale en esto la idea de transmigrar de los modelos pasivos a los activos e interactivos del aprendizaje.

Finalmente debo hacer mención de las aspiraciones, así como también de las posibilidades de efectuar producciones literarias a menor o mayor escala. Estas oportunidades están al alcance de las personas que se están capacitando de nuevo, o por primera vez para el ministerio. De ahí que parte de nuestros énfasis consista en apuntar a las reglas de la hermenéutica, los métodos de investigación y algunos consejos de redacción. Cuán halagado me siento al saber que las ideas compartidas, tanto en este libro como en otros que he puesto al alcance de nuestros lectores les impulsa a aventurar en algún tipo de publicaciones.

No me resta más que desearles a mis lectores las más codiciadas bendiciones del Señor, y un inquietante anhelo de investigar, investigar e investigar.

El autor

Índice

Introducción

Este será un recorrido técnico que nos llevará por el sendero del reconocimiento y la recuperación de recursos que tuvimos al alcance en nuestros años de formación. En esos dorados tiempos tuvimos que asistir a alguna escuela, en la que, como niños, adquirimos ciertas habilidades y disfrutamos diversos tipos de experiencias. Si fuimos niños, adolescentes y jóvenes aplicados al aprendizaje, y nos esforzamos en seguir cultivando en el diario vivir tales destrezas, ahora, sin duda, estamos haciendo uso de todo lo positivo de ellas. Pero si, por el contrario, no quisimos o no pudimos prestar la debida atención a nuestros maestros y profesores, o si, con el correr del tiempo dejamos que aquellas pequeñas luces del saber se apagaran en nosotros, lo más probable es que ahora estemos añorando los tiempos de nuestro desarrollo, o quizás lamentando la fuga o ausencia de los elementos básicos de nuestra formación intelectual. Esto es verdad también en lo relacionado a algún tipo de capacitación bíblica ministerial que hayamos tenido.

Sin embargo, aunque es verdad lo que escribió Rubén Darío: "Juventud, divino tesoro, que te vas para no volver [...]", también es cierto que "nunca es tarde para aprender", o seguir aprendiendo. Se podría decir que esta es una nueva oportunidad que el Señor nos ofrece para que sigamos fomentando en nuestra conciencia lo mejor de la doble experiencia conocida como enseñanza-aprendizaje. Si usted está sirviendo en alguna escala del ministerio pastoral o docente, ya se habrá dado cuenta de la importancia de dominar y hacer uso de las técnicas de la lectura inteligente, la comprensión, la interpretación y asimilación de los conceptos leídos y otras áreas del conocimiento práctico. También estará reconociendo el incalculable valor de la recuperación de reglas, normas y ejercicios del lenguaje oral y escrito, que es una de las herramientas esenciales para el éxito en cualquier rama del ministerio.

Por otra parte debe inspirarnos el acercamiento a oportunidades de adquirir destrezas y habilidades para incursionar en otros ámbitos del ministerio cristiano como son la comunicación por escrito y las actividades relacionadas con las publicaciones cristianas. Para esta otra dimensión del servicio cristiano es necesario cultivar algunos hábitos especiales, conducentes a la adquisición de conocimientos literarios y la indispensable capacidad de la redacción de documentos. De ahí que además del repaso de reglas y normas gramaticales que nos aportan disciplinas como: la morfología, la sintaxis y la ortografía para el mejor uso del lenguaje también se dé, por lo menos, lo más esencial sobre métodos de investigación y consejos para la redacción de escritos de distintas naturalezas. La investigación es una práctica de la cual todos participamos desde cuando abrimos los ojos el día en que nacimos. Desde entonces y a través de las distintas etapas de nuestra vida hemos sido unos investigadores incansables, porque es la ruta que nos conduce a cada descubrimiento desde las cosas más sencillas del diario vivir hasta las que se adquieren en una biblioteca.

Los conocimientos se adquieren a través de la búsqueda y la investigación, y se conservan por medio de los mejores hábitos de retención, interpretación y adaptación. La redacción consiste en reproducir por escrito las experiencias vividas de tal manera que otros puedan percibirlas y entenderlas tal como nosotros las hemos conservado y expresado. Desde las notas que se toman de un libro o de un ambiente de aprendizaje hasta la redacción final de lo que queremos escribir es todo un proceso de pensar, seleccionar y organizar cada elemento que ha de comunicarse. Todo eso es lo que se ha tenido en mente al preparar y transcribir cada capítulo y cada parte de esta obra que presentamos aquí con la idea de traer a la mente de nuestros lectores recursos para la recuperación de cosas aprendidas, y quizás ya olvidadas. La recuperación académica o escolar consiste en esforzarse por recordar, redescubrir, o quizás, aprender por primera vez detalles que habrán de utilizarse para lo que se crea conveniente y necesario en los nuevos quehaceres de la vida actual.

Los editores

Primera Parte

PRINCIPIOS PARA EL ÉXITO
EN EL APRENDIZAJE

Primera Lección

Actitudes y aptitudes
para triunfar en los estudios

INTRODUCCIÓN

La actitud se define como la disposición o el estado de ánimo que manifiesta una persona ante una situación dada. La actitud de una persona puede ser positiva, negativa o indiferente, según el escenario o paradigma al que se enfrente. El proceso de formación para el servicio cristiano en el ambiente y bajo los auspicios de una institución ministerial constituye un panorama interesante y valioso; sin embargo, para disfrutar todo lo que eso ofrece es necesario asumir una actitud positiva, diligente y entusiasta. En este capítulo inicial se enumeran las actitudes más positivas y proactivas que un estudiante debe manifestar en el proceso de su capacitación.

Por otra parte, toda persona que está emprendiendo el interminable proceso de capacitación bíblica ministerial para servir el Señor en su iglesia, necesita desarrollar aptitudes efectivas. El nombre "aptitud" viene del adjetivo "apto", y se refiere a cualidades, ya sean innatas o aprendidas, que hacen a una persona capaz de realizar lo que se espera de ella, o lo que exige la función que desempeña. A continuación se menciona una serie de cualidades y características que todo estudiante ministerial debe desarrollar a lo largo de su vida.

I. SIETE ACTITUDES QUE TODO ESTUDIANTE DEBE ASUMIR

A. La actitud de un creyente lleno de fe en Dios y en su Palabra

No existe ni la más remota idea de que alguien pueda tener éxito en un plan de estudios bíblicos si no está plenamente convencido y seguro de que Dios es un Ser personal que se ha revelado a sus criaturas. La revelación de Dios se dio en tres dimensiones: En la naturaleza (Génesis 1:1; Nehemías 9:6; Salmo 8; Salmo 14:1); en las Escrituras (Deuteronomio 29:29; Salmo 105:8; 2 Timoteo 3:16);

en el Señor Jesucristo (Juan 14:9-11). El escritor de Hebreos dice: "Pero sin fe es imposible agradar a Dios; porque es necesario que el que se acerca a Dios crea que le hay, y que es galardonador de los que le buscan" (Hebreos 11:6). Nadie puede tener éxito como siervo o sierva de Dios sin vivir la fe que anhela proclamar. J. A. Lombard dice que, "cualquier persona puede ser un abogado eficiente o un médico famoso y su vida personal estar arrastrándose por el suelo; pero nadie puede ser un ministro efectivo del evangelio sin un carácter dotado de actitudes cristianas".[1]

B. La actitud de un convertido y regenerado por el Espíritu Santo

Jesús le dijo a Nicodemo, un maestro judío: "De cierto, de cierto te digo, que el que no naciere de nuevo, no puede ver el reino de Dios" (Juan 3:3). Este mismo principio espiritual se aplica a todo estudiante bíblico: sin las obras divinas del arrepentimiento, la conversión y la implantación de una nueva vida, nadie puede recibir las bendiciones del desarrollo de la vida cristiana. El servicio a Dios es una nueva dimensión de la vida cristiana a la cual se tiene que entrar con nuevas expectativas. Hay todo un caudal de nuevas experiencias que no se pueden disfrutar bajo el régimen de la vieja naturaleza. El apóstol Pablo escribió: "De modo que si alguno está en Cristo, nueva criatura es; las cosas viejas pasaron; he aquí todas son hechas nuevas" (2 Corintios 5:17).

C. La actitud de un discípulo humilde, deseoso de aprender y crecer

No se puede pasar por alto el encuentro del evangelista Felipe con el eunuco de Etiopía. Este oficial de la reina Candace de África se puede contar entre los primeros aspirantes al estudio bíblico. En su reciente visita a Jerusalén se dio el gusto de adquirir una copia del libro de Isaías. Su deseo era leer ese inigualable libro del Antiguo Testamento, pero no para leerlo por leer, sino que tenía la insistente inquietud de entender el contenido y descubrir los secretos de la profecía. Una de las cosas que lo intrigaban era saber exactamente a quién se refería el profeta en lo que hoy conocemos como el capítulo 53. Él no quería ser otro lector más de las Escrituras y quedar

---

1 John A. Lombard, Introducción al Ministerio Cristian, (Cleveland, Tnn., Programa Ministerial Supervisado de Lee University, 1995). P. 7.

a medias, como les sucedía a los lectores judíos de su tiempo, o a muchos de nuestra época. Su gran problema era que carecía de ayuda para saciar sus ansias de saber. Fue ahí donde el Espíritu Santo guió a Felipe para viniera en su auxilio. Lo interesante en ese encuentra fue que cuando Felipe le preguntó: "Pero ¿entiendes lo que lees?" Él le respondió con toda humildad y sinceridad: "¿Y cómo podré, si alguno no me enseñare? Y rogó a Felipe que subiese y se sentara con él" (Hechos 8:30,31). Hay que estar dispuestos a admitir cuando no se dominan los recursos de enseñanza, y sentarse a escuchar atenta y humildemente a quien pueda brindar la ayuda necesaria.

D. Una actitud de cambios radicales y nuevos inicios

Uno de los grandes problemas de los que desean aprender es su insistencia en aferrarse a sus modelos acostumbrados y sus hábitos de toda una vida. Muchos lo hacen por temor a los cambios y la desconfianza de aprender nuevos métodos y empezar a utilizar nuevas herramientas. Los cambios conductuales de los estudiantes que triunfan son pequeños, pero continuos. En su glosario final, Barlow define la modificación de la conducta de un individuo en la forma siguiente: "Los cambios conductuales constituyen un proceso cuidadoso por el cual una persona alcanza las modificaciones anheladas, y se empeña en reforzarlas con persistencia y firmeza".[2] Sin embargo, algunos se niegan a implementar dichos cambios. "No quieren abandonar el hacha para usar la sierra eléctrica", como dice la gente. Quieren aprender y alcanzar el éxito, pero no quieren aceptar ideas nuevas. Saben que se los está llevando la corriente, pero no quieren soltar la rama para asirse de la soga. A personas así hay que recordarles las acertadas palabras que el Señor le dijo al profeta Jeremías, las cuales encierran un expresivo mensaje de cambios radicales y nuevos inicios: "Mira que te he puesto [...] para arrancar y para destruir, para arruinar y para derribar, para edificar y para plantar" (Jeremías 1:10).

E. La actitud de uno que no busca nada gratis ni fácil

Los grandes triunfadores de la vida han estado dispuestos a dar el todo por el todo, sin regatear ni buscar lo más barato y fácil. El que no está dispuesto a invertir esfuerzos, tiempo y dinero en el proyecto de su formación bíblico-ministerial difícilmente llegará a ver la reali-

---

2 Daniel Lenox Barlow, Educational Psychology, theTeaching-Learning Process, Chicago: Moody Press, 1985) p. 507.

zación de sus sueños. Hay que recordar que lo barato sale caro, y lo fácil no siempre es lo mejor. Se debe tomar en cuenta el costo de los libros de texto, las guías de trabajo, los demás materiales didácticos, la movilización de los equipos, el sostenimiento de buenos educadores, gastos de las actividades periódicas académicas, y otras necesidades alusivas al plan. El estudiante de hoy también debe hacer provisiones para actualizarse: adquirir y aprender a usar una computadora con su respectivo servicio de internet o correo electrónico. Su vestimenta y apariencia en general deben ir acordes con la situación y el medio. A los que no están dispuestos a invertir en su servicio a Dios hay que recordarles la actitud de David cuando Arauna le quería regalar lo que necesitara para el sacrificio. "Y el rey dijo a Arauna: No, sino por precio te lo compraré; porque no ofreceré a Jehová mi Dios holocaustos que no me cuesten nada" (2 Samuel 24:24).

F. Una actitud de compañerismo y buenas relaciones cristianas

Comunidades de estudiantes para el servicio de Dios han existido desde los grupos de músicos levitas, las escuelas de los hijos de los profetas dirigidas por Samuel, Elías y Eliseo, los discípulos de Jesús, y muchos casos más. En ambientes así se hace indispensable una actitud de compañerismo, igualdad y cooperación, y de excelentes relaciones humanas. Ya sea un centro educativo tradicional o en un programa de extensión, siempre se requerirán manifestaciones de amor cristiano, armonía multifacética, sana competencia y adaptación espontánea. No se puede negar que en esos escenarios, en los que se espera que todo sea tranquilo y perfecto, siempre surgen momentos de tensión en los que se dan choques, actitudes indeseables. Allí es donde el enemigo hará su mejor esfuerzo por generar disgusto y malestar entre los hermanos. Por eso mismo es necesario pedirle al Señor su ayuda para que podamos convivir con nuestros compañeros sin herirnos ni causarnos dolores innecesarios. Con la ayuda divina y mucho esfuerzo de nuestra parte, todo eso es posible. Jesús dijo: "En esto conocerán todos que sois mis discípulos, si tuviereis amor los unos con los otros" (Juan 13:35).

G. Una actitud de no rendirse hasta alcanzar el triunfo anhelado

Lo más lamentable en todos los ámbitos de la educación es la fuga de un alto porcentaje de los estudiantes de todos los niveles. Los centros de educación secundaria y universitaria reportan numerosas bajas especialmente en los círculos hispanos. No terminar el programa educacional propuesto es una pérdida enorme para los estudiantes y para la sociedad en general. En las filas del cristianismo también se lamenta la deserción de numerosos educandos que abandonan sus estudios por múltiples razones. Entre los problemas que se citan con más frecuencia están la falta de recursos económicos, cambio de domicilio, cambio de estado civil, fallas de carácter moral, pérdida de interés y abandono de la fe. Uno de los ruegos más vehementes que se hace en este curso es que todo el que ponga su mano en el arado, no vuelva la vista hacia atrás (véase Lucas 6:62).

II. SIETE APTITUDES QUE TODO ESTUDIANTE DEBE DESARROLLAR

A. Ser apto para el reino de Dios sobre la base de la salvación y de la vida nueva

Esta aptitud la concede el Señor a todos los que se han arrepentido, creído en Él y confesado a Jesucristo como su Salvador y Señor. Solo una persona salva puede estar pensando en prepararse para servir a Dios en la iglesia, enseñando, predicando, liderando, visitando y evangelizando. Ser un hijo de Dios por la fe en Cristo Jesús es una aptitud que se adquiere al momento de despertar del letargo del pecado, salir del anonimato y formar parte de un mundo nuevo. Es inconcebible que alguien pueda estar consciente de tener una vida nueva sin sentir el impulso de capacitarse para el servicio cristiano. Tampoco puede un creyente decir que está preparado para servir al Señor si no ha dedicado tiempo y esfuerzos para estudiar la Palabra de Dios y todos los medios designados para hacerlo un siervo apto.

B. Ser apto para tomar decisiones y cumplir promesas

No hay nada más decepcionante en los círculos "cristianos" que encontrarse con personas que no pueden tomar decisiones en su vida. Es lamentable que haya alguien que no pueda responder al compromiso que adquirió cuando dijo que le entregaría al Señor "todo lo que es y todo lo que tiene". Este punto está relacionado con el anterior, en el sentido de que una persona transformada por el Espíritu Santo, inmediatamente empieza a preguntarse cómo puede dar a conocer el cambio que se ha operado en él. Dicha transformación lo convierte en un emprendedor que anhela ir a donde nunca había ido, hacer cosas que jamás habían llamado su atención y decidir seguir a su nuevo Maestro. Recordemos cómo los discípulos tomaron la decisión de dejar las redes para seguir a Jesús; Saulo cambió por completo el rumbo de su vida: de fariseo del judaísmo a apóstol de Jesucristo.

C. Ser apto para pagar el precio de su nueva visión en el Señor

Aquí no se está aludiendo solo al dinero, ni se está enfatizando únicamente lo material. Pagar el precio de la nueva visión significa estar en la disposición de separar el tiempo y hacer el esfuerzo necesario para desarrollar una vida de servicio. En uno de los párrafos anteriores se hizo hincapié en el caso histórico de David al rechazar el obsequio de Arauna en relación con el sacrificio que el rey le ofreció al Señor. Al no querer aceptar nada gratis estaba demostrando con hechos que para agradar al Señor hay que invertir cuanto sea necesario. Pablo también hizo una declaración muy interesante en este sentido. Él dijo: "Y yo con el mayor placer gastaré lo mío, y aun yo mismo me gastaré del todo por amor de vuestras almas, aunque amándoos más sea amado menos" (2 Corintios 12:15). Ser apto para pagar el precio de su formación significa estar en la disposición de adquirir los materiales, libros y equipos necesarios para realizar eficientemente y con excelencia las tareas hacia su educación. Ser apto para pagar el precio de su nueva visión significa poder y querer todo lo que se requiera en el programa de estudios.

D. Ser apto para educarse, esto es, estar dispuesto a aprender

Hay personas que no quieren aprender a aprender; es decir, algunos no están dispuestos a admitir su necesidad de educarse, y no dan lugar a que otros los ayuden. En la primera parte de esta lección se citó el caso del eunuco, quien reconoció que no estaba aprendiendo nada, por no contar con la ayuda de alguien que le facilitara el aprendizaje y lo guiara en el estudio del mensaje de Isaías. Cuando se dio cuenta de esto, y vio la oportunidad de recibir ayuda de parte del que el Señor había enviado con ese propósito, inmediatamente invitó al evangelista a sentarse a su lado para que lo instruyera en la fe. La prueba de que prestó cuidadosa atención, y aprendió la verdad que buscaba, fue la respuesta obediente y voluntaria con que se sometió al proceso de conversión y a la práctica del bautismo en agua. Uno de los grandes problemas que surgen en el proceso enseñanza-aprendizaje es que algunos no escuchan o no interpretan lo que se les dice. Lo entienden todo a su manera y no concentran su atención en las nuevas verdades que necesitan aprender.

E. Ser apto para reproducir, mental y prácticamente lo que aprende

Si el alumno no es capaz de repetir en su mente, con palabras y con hechos la esencia de la enseñanza que está recibiendo, no se puede decir que ha aprendido. Gregory dijo que "el discípulo ha de reproducir en su mente la verdad que ha de aprender".[3] No se espera que el educando actúe mecánicamente como una grabadora; lo ideal es que asimile en su mente y reproduzca con sus propias ideas y palabras lo que acaba de recibir. La reproducción es el método bíblico para el crecimiento de la iglesia. Pablo le prescribió a Timoteo la siguiente indicación: "Lo que has oído de mí ante muchos testigos, esto encarga a hombres fieles que sean idóneos para enseñar también a otros" (2 Timoteo 2:2). En esta enseñanza pastoral, Pablo habla de cuatro niveles de reproducción ministerial y espiritual. Como discípulo cristiano, el estudiante bíblico debe ser parte de este proceso de reproducción, hablando a nosotros acerca de sus estudios, brindando sus servicios como maestro en la iglesia y aplicando los beneficios de lo que está recibiendo en la evangelización cotidiana.

F. Ser apto para leer, entender, tomar notas e investigar

La siguiente lección se dedica exclusivamente a este tema; y las que le siguen se ocupan de una diversidad de asuntos alusivos a la captación, retención y el manejo de los materiales didácticos. Sin embargo, se adelanta aquí, con carácter de urgencia, algo sobre la aptitud de hacer el mejor uso de los libros y los materiales impresos, auditivos y fílmicos que sean recomendados para la realización de los cursos a tomar. Si una persona no es apta para leer, entender, tomar notas e investigar documentos, difícilmente podrá tener éxito en sus esfuerzos y anhelos de prepararse para el servicio. Sus maestros, tutores y guías académicos le van a requerir que prepare informes,

---

3 Juan Milton Gregory, Las Siete Leyes de la Enseñanza, (El Paso, Texas: Editorial Mundo Hispano, 2002). P. 85.

monografías y ensayos para cada curso, y especialmente como requisito de graduación. De ahí que todo estudiante deba desarrollar aptitudes para escribir a mano, redactar en computadora e imprimir todo lo que se le pida. Cada vez le será más fácil responder a todos estos desafíos, y estos serán los primeros pasos para una vida muy fructífera y productiva en el aspecto de la comunicación por medio de la página impresa. Véase todo como una oportunidad para progresar, no como una exigencia de la escuela.

G. Ser apto para aceptar cualquier desafío ministerial

Una de las razones por las que muchos pastores se niegan a recomendar estudiantes para los programas de capacitación ministerial es que algunos se gradúan y vuelven a su iglesia para quedarse sentados. La pregunta que se les hace a los que no están dispuestos a trabajar es: "Entonces, ¿para qué invertiste tiempo, esfuerzos y dinero en estudiar, si no quieres usar tus talentos en la viña del Señor?". Algunos no cooperan en la iglesia por meros prejuicios: Creen que por haberse capacitado son poseedores de grandes conocimientos y que saben tanto como para trabajar con los que no han estudiado. Muchos se dedican solo a buscar errores en los demás; no cultivan el compañerismo entre los demás miembros sino que se aíslan de todos. Otros empiezan a soñar con cargos altos en la iglesia, o con la equivocada idea de que al graduarse del instituto bíblico ya no deben seguir siendo miembros regulares en la iglesia. A esta clase de líderes se les debe decir dos cosas: (1) La razón fundamental para prepararse es para ser un mejor creyente y un hermano ejemplar entre los demás. (2) Si por haberse preparado humilde y diligentemente le place al Señor llamarlo a pastorear, Él se lo indicará y abrirá todas las puertas a su debido tiempo. Nadie debe hacer el papel de Absalón, quien con lisonjas y promesas falsas quería llegar al reino que estaba en manos de su padre David. Cuando dejamos que el Señor haga las cosas a su manera, todo sale a la perfección.

Cuestionario de repaso
Primera Lección

1. ¿Cómo se define la actitud?

_____

_____

_____

2. ¿Qué actitud necesita asumir una persona para disfrutar el proceso de formación para el servicio cristiano?

_____

_____

_____

3. ¿De dónde viene y qué significa la palabra "aptitud"?

_____

_____

_____

4. ¿Cuál es la diferencia entre actitud y aptitud?

_____

_____

_____

5. Mencione las tres primeras actitudes que todo estudiante cristiano debe asumir.

_____

_____

_____

_____

6. Se recomienda una actitud de cambios y nuevos inicios, pero ¿por qué muchos se aferran a sus modelos acostumbrados y a sus hábitos de toda una vida?

_____

_____

_____

7. ¿Qué pasa con el que no está dispuesto a invertir esfuerzos, tiempo y dinero en el proyecto de su formación bíblico-ministerial?

_____

_____

_____

8. ¿Por qué se debe asumir una actitud de compañerismo y buenas relaciones cristianas en al proceso de la formación ministerial?

_____

_____

_____

9. Se recomienda no rendirse hasta alcanzar el triunfo anhelado; sin embargo, se lamenta la deserción de numerosos educandos que abandonan sus estudios. Enumere los problemas que se citan con más frecuencia para dejar de estudiar.

_____

_____

_____

_____

10. Explique lo que significa ser "apto" para el reino de Dios por medio de la salvación y vida nueva. ¿A quiénes les concede el Señor esta "aptitud"?

_____

_____

_____

11. Explique por qué la persona que se prepara para el ministerio debe ser apta para tomar decisiones y cumplir promesas.

_____

_____

_____

12. ¿Qué significa "ser apto para pagar el precio de su nueva visión en el Señor?

_____

_____

13. Explique qué significa "ser apto para educarse", y quiénes son "las personas que no quieren aprender a aprender".

_____

_____

14. De acuerdo con lo que dijo Gregory, ¿qué significa "ser apto para reproducir mentalmente lo que se aprende?

_____

_____

_____

15. ¿Por qué necesita el estudiante ser apto para leer, entender, tomar notas e investigar?

_____

_____

_____

16. ¿Por qué muchos pastores se niegan a recomendar estudiantes para los programas de capacitación ministerial?

_____

_____

_____

_____

17. Enumere algunas razones por las que algunos que se han capacitado no cooperan en la iglesia de la cual son miembros.

_____

_____

_____

_____

18. ¿Cuáles dos cosas se les debe decir a los que piensan que al graduarse de un instituto bíblico automáticamente deben ser nombrados como pastores?

_____

_____

_____

_____

Segunda Lección

Consejos para mejorar
la lectura y el estudio

INTRODUCCIÓN

Después de haber enumerado una serie de actitudes y aptitudes para el éxito en los estudios bíblico-ministeriales, lo más sensato es tomar en cuenta la importancia de los hábitos de leer y estudiar. Estos vienen a ser los primeros pasos en el largo camino del proceso de la capacitación para el servicio al Señor y a la iglesia. Esta es la puerta de entrada a un campo de nuevas y gratas experiencias. El que no esté dispuesto a dar estos pasos iniciales difícilmente podrá darse cuenta de que allá adelante le esperan maravillosas sorpresas y valiosas recompensas en su noble afán de ser una persona nueva en el reino de Dios. Como lo vimos en el capítulo anterior, somos un reino de sacerdotes, levitas y servidores de un Rey que merece lo mejor de nosotros. Los secretos del ministerio y las pautas para una vida fructífera y eficiente en la viña del Señor están envueltos en mandatos, instrucciones y consejos escritos, tanto en la Palabra inspirada de nuestro Dios como en el caudal de información acumulada en libros y materiales que deben ser leídos y entendidos.

Por las razones y los señalamientos expuestos aquí, es de esperarse que los que deseen prepararse para servir en la obra de Dios recuperen todo lo que desde una temprana edad aprendieron para su crecimiento intelectual y espiritual. En esta lección se presenta una lista de ideas, consejos y normas que deben adoptarse con miras a cultivar, fomentar y desarrollar los hábitos de la lectura inteligente y eficaz.

I. DEL ANALFABETISMO PRÁCTICO A LA LECTURA Y EL APRENDIZAJE

Se considera como analfabetismo práctico el estado en que se encuentra la mayoría de los seres humanos que no acostumbran a leer ni escribir a pesar de saber cómo hacerlo. Leer y escribir son habilidades que se adquieren para realizar una de las tres formas de comunicación, el lenguaje escrito. Los otros dos son el oral y el mímico. Todo ser humano nace sin habla, y así pasa los primeros meses de su vida, hasta que se desarrolla en él o ella la capacidad de oír y repetir las palabras que escucha, y hasta que llega a entender dichos términos. De igual manera, por algún tiempo toda persona es analfabeta, y permanece así hasta que adquiere la capacidad de leer y escribir las palabras que habla con los que la rodean. El analfabetismo predomina entre las personas de países menos desarrollados, pero por lo general hay analfabetos en todo el mundo. Como se dijo antes, existen dos clases de personas analfabetas: las que no han aprendido a leer ni escribir, y las que habiendo adquirido dichas destrezas no las practican, por negligencia o por falta de orientación. De ahí que muchos no les sacan provecho a las grandes oportunidades de aprender y crecer intelectual y espiritualmente en este mundo tan avanzado.

La lectura es una de las destrezas de mayor importancia en la vida de una persona, pues gran parte de sus conocimientos ingresará a su mente a través de lo que lea. Por tal razón la incapacidad de leer, ya sea por no haber aprendido, o por fallas orgánicas, puede limitar o eliminar las posibilidades de su educación y su desarrollo intelectual. De acuerdo con el Dr. Víctor García Hoz, "entre los problemas orgánicos se puede señalar fallas en los órganos sensoriales, motores o cerebrales; y defectos adquiridos, como los malos hábitos de la atención, la falsa percepción, el débil discernimiento y el análisis impropio de las palabras".[4] Cuando se presentan algunas de estas dificultades en la persona es necesario ofrecerle algún tipo de ayuda para que mejore su capacidad como lector; de otro modo sus anhelos de aprender se verán frustrados. Uno de los objetivos de la educación bíblico-ministerial es alfabetizar a los que no leen ni escriben, y animar a que lean y se capaciten más los que aprendieron a hacerlo.

II. RAZONES PARA APRENDER A LEER BIEN, ENTENDER Y RETENER

La lectura forma parte de nuestra vida cotidiana: "Leemos el periódico, folletos de todo tipo, instrucciones para preparar una comida, revistas, historietas, cartas, textos de internet, libros y papeles de trabajo o de estudio. […] Si no supiéramos leer, muchas de nuestras

---

4 Diccionario de Pedagogía, P. 557.

actividades se verían seriamente entorpecidas. Leer es reconocer palabras y entender lo que ellas expresan. Leer es una habilidad que implica comprender y retener conceptos".[5] Se puede señalar dos razones básicas para aprender a leer mejor: descubrir cosas importantes y poder utilizarlas.

A. Para descubrir cosas importantes en la página impresa

La tecnología moderna vino a transformar los medios de comunicación en nuestra vida diaria. Se pensó que con esos cambios la lectura iba a pasar a la historia como algo ya obsoleto e innecesario. Por ejemplo, la radio ofrece noticieros, radionovelas, comentarios y programas de entretenimiento. La televisión presenta lo mismo que la radio, pero con imágenes tan descriptivas y atractivas a la vista, las cuales cautivan a un gran número de televidentes. Sin embargo, la gente sigue leyendo, a juzgar por el uso que se hace de la prensa escrita, las revistas, los libros y toda clase de materiales impresos. Estos se siguen produciendo en cantidades cada vez mayores, lo cual indica que una buena parte de la población del mundo sigue aprovechando las ventajas de la lectura para su desarrollo personal.

La lectura sigue siendo la forma más fija y duradera de los procesos educativos a toda escala. Lo más interesante y atractivo de la lectura es que por medio de ella los que estudian entablan un diálogo permanente y estable con los autores de sus libros de texto. Se ha dicho, con mucha razón, que los libros son maestros que el estudiante se lleva a casa y los tiene a su disposición 24 horas al día, los siete días de la semana, para que le enseñen día y noche lo que contienen. Además de estar siempre disponibles, existen las ventajas de que nunca están de malas, no cambian de opinión, siempre le dirán lo mismo y se convertirán en sus instructores fijos a un costo muy económico. Se dice también que la lectura alimenta el espíritu, es una agradable compañía, enseña a pensar y ayuda a madurar.

B. Para indagar y acumular los mejores conocimientos

Una de las razones para aprender a leer mejor y cultivar el hábito de hacerlo permanentemente es la necesidad de indagar o descubrir cosas importantes para la vida. Pero no basta con descubrir y aprender cosas buenas; es recomendable acumular y utilizar dichos conocimientos para mejorar en la vida. Uno de los comentarios iniciales de la Licenciada Forero dice que, "Los conocimientos más elevados nos llegan a través de la página impresa".[6] Esto es verdad en lo que respecta a la vida secular, pero mucho más lo es en cuanto a lo que tiene que ver con la vida espiritual y las funciones ministeriales.

Sin embargo, de nada sirve adquirir y leer muchos libros si no se organiza lo que se lee para poder hacer uso de ello en cualquier momento. Como lo expresó el filósofo Spencer: "Aquel cuyas ideas no están organizadas, cuantas más tenga, mayor será su confusión".[7] Si nos interesamos en aprender a leer mejor para tener acceso a la página impresa, procuremos indagar o descubrir cosas importantes, pero que sea con el fin de acumular y organizar las ideas que adquiramos, a fin de poder ponerlas en práctica para nuestro crecimiento personal.

III. LAS CATORCE LEYES DE LA LECTURA EFICAZ

Así como las demás actividades de la vida se rigen por una serie de leyes y condiciones para que den los mejores resultados, el proceso de la lectura también tiene sus normas y requerimientos para que este esfuerzo tenga éxito.

A. La ley de la alfabetización

Ya se señaló que el analfabetismo predomina en países de escasos recursos, pero en todo el mundo hay analfabetos; unos porque no han aprendido a leer ni escribir, y otros porque no han cultivado dichos hábitos. Los gobiernos, las instituciones humanitarias y la iglesia debieran alfabetizar a sus integrantes, pero hay mucho descuido en esto. Alfabetizar a adultos (y también a niños, si es necesario) es uno de los proyectos más gratificantes. Existen métodos prácticos y a corto plazo (como ALFALIT INTERNACIONAL, y otros), que facilitan y aceleran el proceso de la alfabetización de personas que quieren prepararse para el ministerio. Esto respondería a la crisis que se señala en Isaías 29:12.

B. La ley de la salud óptica

Es obvio que para poder leer se necesita gozar de buenas condiciones físicas, empezando con la vista. Muchas personas no pueden leer porque

---

6 Ibid., p. 7.
7 Ralph W. Emerson, Dictionary of Philosophy, (New Jersey: Humanities Press, 1987). P. 145.

tienen algún impedimento ocular. Un examen oftalmológico y algún tipo de tratamiento; así como cierta corrección óptica con la prescripción de lentes o anteojos para leer pueden ser suficientes para que una persona se convierta en lectora. Es recomendable que el tipo de letra no sea demasiado pequeña para no tener que forzar mucho la vista. Si lee la pantalla de una computadora aprenda a graduar el tamaño de la letra.

C. La ley del ambiente

El ambiente en el cual se realiza el proceso de la lectura tiene mucho que ver con el éxito o el fracaso de la misma.1. Iluminación. Para evitar la fatiga ocular y prevenir el dolor de cabeza y el sueño a la hora de leer debe proveerse buena iluminación. La luz natural es preferible, pero si no se puede leer de día, procúrese tener luz clara, lo más blanca posible. 2. Ventilación. Una temperatura fresca y buena ventilación pueden proveer comodidad al que lee. 3. Tranquilidad. Un ambiente tranquilo, sin ruido ni distracciones, es lo más apropiado para poder concentrarse en la lectura y retener los conceptos de la misma.

D. La ley de la motivación

Bien dice el adagio popular que "querer es poder". Para que una persona tenga éxito en la lectura debe estar motivado a hacerlo. Ya sea por su propia decisión o por consejo de alguien, él debe sentir un deseo vivo y un interés fijo de leer el libro o material que tiene en sus manos. Debe poder preguntarse y responder por sí mismo: ¿Realmente me interesa leer este material? El interés que una persona tenga en leer una lección o una obra depende de la importancia que dicho material tenga para su vida. El valor que se le dé a la lectura va a determinar la intensidad del deseo de leer y el esfuerzo que haga por separar un tiempo para hacerlo, cueste lo que cueste.

E. La ley del propósito

El lector debe estar en capacidad de preguntarse y a la vez responderse: ¿Para qué voy a leer este libro o este material? Si está leyendo sólo para pasar el tiempo, o porque no tiene otra cosa qué hacer, lo más probable es que pronto desista de la lectura, o que cualquier otra cosa lo distraiga. Si no tiene un propósito definido es probable que tampoco esté motivado; porque, ¿quién tiene deseos de hacer algo que no le va a servir para nada?

F. La ley del tiempo

Si el lector está motivado a leer, y tiene un propósito firme de hacerlo, lo más seguro es que hallará el tiempo necesario para la lectura. Cualquier persona sin motivación ni propósito hallará excusas para no leer; y una de las más razonables es "la falta de tiempo". No olvidemos que las mejores cosas de la vida son estorbadas muchas veces por cosas menos importantes, pero que parecen urgentes. Allí es donde se debe poner en la balanza el valor de lo que se está leyendo contra cualquier otra cosa que surja de momento. De más está decir que si se está preparando para servir al Señor por medio de sus estudios, ninguna otra cosa debe distraer su atención.

G. La ley de las prioridades

Prioridad es el orden en que se colocan las cosas una antes que las otras, tomando en cuenta la importancia que ellas tengan en nuestra vida. Otro término que se puede usar en este sentido es "preferencia". Es decir, preferir una cosa antes que las demás. Se supone que la capacitación bíblico-ministerial para ofrecerle un servicio más eficiente al Señor sea preferible o prioritaria ante otras preocupaciones. Por lo tanto, a la lectura se le puede conceder un lugar prioritario ya que se trata de la puerta principal por la que ingresa a la mente de la persona la mayor parte de los conocimientos.

H. La ley del horario

Para no verse enredado en tantas cosas al mismo tiempo, como atender el trabajo secular, cuidar a los niños, atender al perro, ir de compras e, incluso, atender tantas llamadas telefónicas (algunas sin sentido), el lector debe separar para su lectura un tiempo apropiado. Es recomendable desocuparse de todos los afanes del día para entonces poder sentarse con tranquilidad, apagar el molesto teléfono (si le es posible) y hacer arreglos con los demás miembros de la familia para que le hagan el favor de respetar su horario de lectura. ¿Cree que no cooperarán con usted, conociendo su propósito?

I. La ley de la seriedad

La seriedad con que una persona se vea a sí misma y vea sus planes determinará el grado de importancia que le dé a su decisión de respetar su horario de lectura, y por ende, de sus estudios en general. Si el lector no es serio en cuanto a sus prioridades ni con su itinerario, lo más probable es que no se respete a sí mismo en los planes de su capacitación, empezando con su itinerario de lectura cotidiana, de la cual dependerá su rendimiento académico. Si usted no es lo suficientemente serio como para respetar sus planes, otros no se supone que lo sean.

J. La ley de la concentración.

Cierto educador dijo que "la concentración es un requisito esencial para alcanzar óptimos resultados en los estudios" y que para concentrarse en algo hay que "estar motivado, es decir, tener interés por lo que se está haciendo". La concentración es un estado mental en el que la atención se fija en un tema o en una situación que requiere ser entendida e interpretada. La concentración en la lectura ayuda a la persona a entender lo que el escritor está comunicando. Factores contrarios a la concentración pueden ser la distracción, desatención, perturbación, confusión. Cuando el lector pierde la concentración y deja que su mente divague y vuele a pensar en cosas distintas de lo que está leyendo no sólo deja de entender lo que dice el escritor sino que más tarde o más temprano abandona la lectura.

K. La ley de la interpretación

Muchas personas abandonan el libro o material que están leyendo porque hay palabras en dicho material que no están entendiendo. Esta podría designarse como "la ley del diccionario", pues el lector no debe dejar pasar las palabras que no entiende, y lo único que necesita es buscar el significado de dichos términos en un diccionario de la lengua que lee. Las palabras que un lector no entiende son obstáculos que se le atraviesan y que lo hacen perder el sentido de la lectura. Si pierde el sentido de una palabra, a menos que por el contexto le halle el significado, perderá también el hilo y el interés del mensaje, terminando por abandonar la tarea. El caso del eunuco de Etiopía de Hechos 8:30,31 que no entendía lo que leía, y Felipe que acudió a auxiliarlo, nos da margen para reconocer la necesidad de tener al lado un maestro o un diccionario cuando estamos leyendo.

L. La ley de las palabras

Más adelante dedicaremos toda una sección para ofrecer al estudiante una guía práctica para repasar criterios gramaticales, especialmente de la ortografía. Por el momento sólo señalamos que si la persona que lee no posee un conocimiento general de gramática y ortografía, su comprensión de la lectura será muy limitada. Por ejemplo, si encuentra la palabra "sé" acentuada se trata de una forma verbal tanto del verbo saber como del verbo ser. Es cambio la palabra (se) sin acento es un pronombre reflexivo o impersonal. Otro ejemplo es la palabra "presencia" que se refiere al acto de estar en determinado lugar. En cambio, "presciencia" es un atributo divino: la capacidad que las personas de la Trinidad tienen de saberlo todo anticipadamente. La diferencia sólo consiste en la "c" en dicha palabra.

M. La ley de los signos ortográficos

El conocimiento de los signos ortográficos ayudará a la persona a leer como conviene: con las pausas, entonaciones y acciones en la oración gramatical. Por ejemplo, una coma (,) sirve para hacer una pausa breve; el punto y coma (;) es para hacer una pausa más larga, o para un cambio de énfasis. El punto y seguido (.) señala el final de una oración y el principio de otra, y exige una pausa más prolongada que la coma. En cambio, el punto final (.) señala la terminación de un párrafo o conjunto de oraciones con el mismo sentido. Otro signo ortográfico es el acento, que puede ser agudo, cuando va en la última sílaba de las palabras agudas ("mamá, pantalón, etc."). El acento grave va en la penúltima sílaba ("árbol, azúcar, etc".). En las palabras esdrújulas va en la antepenúltima sílaba, ("cántaro, escándalo, etc."). Cuando se escribe, el acento se llama "ortográfico"; cuando se omite se llama "prosódico". También están los signos de interrogación (¿?) para preguntas y los de exclamación (¡!) para oraciones que denotan sorpresa, admiración.

N. La ley de la Velocidad

La velocidad con que se lee tiene mucho que ver con el nivel de captación y comprensión del material que se está leyendo. Cuando se lee lentamente sólo se perciben algunos detalles sueltos, pero la persona no puede recordar el conjunto o sentido general de lo leído. La falta de práctica es la causa principal de una lectura lenta, la cual da lugar a que la mente se distraiga en muchas cosas y el proceso de captación se vea interrumpido. La persona va adquiriendo velocidad en la lectura a medida que se acostumbra a leer, por lo que se recomienda leer, leer y leer.

IV. CONSEJOS PARA AUMENTAR LA VELOCIDAD EN LA LECTURA

A. Necesidad de leer con mayor velocidad

1. La lectura es el medio más seguro y firme para el aprendizaje. Cada día se acrecienta la cantidad de material que necesitamos leer, desde el periódico hasta los libros de texto que forman parte de nuestra capacitación. Ya se ha indicado que lo que se escucha se recuerda menos que lo que se lee. Aunque la persona tenga una excelente memoria auditiva, si desea o necesita conocer mejor ciertos hechos, tiene que aplicarse más a la lectura. Debemos recordar el célebre y sabio dicho de Confucio de hace más de 2500 años: "Si oigo, olvido; si leo, recuerdo; si hago aprendo".

2. La lectura consta de dos procesos simultáneos. En primer lugar está el *proceso físico* el cual realizamos pasando los ojos sobre el texto o material que estamos leyendo. Muy importante en ese proceso es que la letra sea de un tamaño que podamos ver bien, y que la luz sea adecuada para no forzar la vista innecesariamente. El segundo proceso de la lectura es el acto mental el cual nos permite captar el significado de lo que se está leyendo. Es recomendable no detenerse en detalles secundarios, sino detectar el sentido de las palabras lo más pronto posible para poder seguir adelante. No se debe pensar que la meta es solamente la velocidad en la lectura; lo más importante es ese proceso mental en que se capta el sentido de lo leído; el reconocimiento del sentido de cada palabra.

B. Requisitos para aumentar la velocidad de la lectura

Como se dijo antes, no se trata solo de leer velozmente con el fin de devorar más páginas. Para mejorar la velocidad sin afectar la comprensión es necesario llenar los siguientes requisitos.

1. Tener el deseo firme de mejorar la velocidad de la lectura. Sin un deseo vivo y un propósito firme de mejorar, será difícil someterse a los cambios habituales de leer. Recordemos que "querer es poder". Sin el deseo pleno y absoluto de realizar dicho esfuerzo, poco durará el empeño.

2. Creer firmemente que se puede mejorar, cueste lo que cueste. Para reforzar su anhelo, vea si algunos de sus amigos o conocidos han adquirido la capacidad de leer rápido, ya sea de manera intuitiva

o por haber tomado algún curso de lectura veloz. Eso le demostrará que sí puede mejorar esta habilidad cualquiera que se lo proponga.

3. Competir consigo mismo para evaluar su propio progreso constante. Esta técnica consiste en anotar el tiempo en que se realiza cada ejercicio y compararlo con los anteriores. Esta práctica le provee al lector ánimo para seguir mejorando sin la ayuda o la presencia de otras personas, lo cual facilita los resultados.

4. Evitar la tensión nerviosa a la hora de efectuar los ejercicios. Hay personas que se ponen nerviosas cuando están tratando de mejorar la velocidad de la lectura. Esto puede afectar negativamente su capacidad de comprensión de lo que está leyendo, y echar a perder sus esfuerzos. Lo ideal es mantenerse atento y relajado para lograr resultados positivos y duraderos.

5. Ser constante y sistemático en las prácticas. De la noche a la mañana nadie puede notar grandes cambios en la destreza de leer con mayor velocidad. El éxito y los mejores resultados de cualquier habilidad solo se consiguen sobre la base de la constancia y el progreso.

V. ¿CÓMO MEJORAR LA CALIDAD Y EL NIVEL DE CONCENTRACIÓN?

A. ¿En qué consiste la concentración?

Con relación con la lectura y el estudio, la concentración consiste en enfocar o centrar la atención en las ideas que el texto le está transmitiendo al lector. La habilidad de comprender lo que se está leyendo es sumamente importante si se quiere tener éxito en los estudios. Hay lectores que pueden concentrarse en lo que están leyendo a pesar de que a su derredor haya mucha gente hablando y moviéndose, o que otros estén escuchando música e, incluso, haya otros modos de distracción. Pero eso lo logran, ya sea por aptitudes intuitivas o porque se hayan entrenado en técnicas de concentración.

B. ¿Qué fallas produce la falta de concentración?

Las personas que carecen de entrenamiento o simplemente no se esfuerzan por concentrar su mente en la lectura, están atentas al menor ruido de la calle, al llanto de un niño, al ladrar de un perro o la caída de un papel. Hay que recordar el dicho de los expertos en educación que dice que "la mente es la loca de la casa," que con la mayor facilidad puede ir al cielo y al infierno, al presente y al futuro, al sitio actual y a todo el mundo, a lo puro y a lo inmundo, a lo bueno y a lo malo al mismo tiempo. La Licenciada Forero dice que una de las causas de la falta de concentración es "leer muy lentamente. Nuestro cerebro procesa muchísima información, y si leemos lentamente este divagará, como si la mente se aburriera. Mientras leemos, también pensamos en lo que haremos dentro de un rato, en la reunión del sábado o en el recuerdo de una película".[8] No obstante, por designio del Creador, el humano puede controlar su mente de acuerdo a sus prioridades. La prioridad del que lee para aprender es sujetar su mente para que esta se concentre en lo que le es más provechoso.

C. A veces, a mayor edad mayor grado de concentración por parte del estudiante:

En esto de la concentración tenemos que referirnos a los papeles que desempeñan la atención y el interés como los agentes de la mente. Es muy interesante preguntarse qué surge primero, si la atención o el interés. ¿Puede interesarse en algo la persona que no está poniendo atención? O, por el otro lado, ¿puede poner su atención un individuo en algo en que no está interesado? Pero, como se señaló arriba: un adulto, probablemente, tenga más interés que un niño en un curso de instituto bíblico, por lo que su grado de atención puede ser mucho más fijo. El pedagogo García Hoz dice que "la atención es la concentración de la conciencia sobre un objeto determinado, influida por la ley del interés […] Estar atento es como crear imágenes e hipótesis para salir al encuentro de nuevas impresiones […]. Educar la atención consiste en adquirir esas percepciones y preconceptos con los cuales el espíritu se prepara para las nuevas experiencias".[9]

D. En la concentración también se habla de un foco y un radio

El foco se concentra en lo más interesante y útil de la lectura, en tanto que el radio abarca la periferia o los alrededores del tema. De

---

8 María Teresa Forero, Cómo Leer Velozmente y Recordar Mejor, (Montevideo, Uruguay: Latinbooks International, 2006). p. 16
9 Víctor García Hoz, Diccionario de Pedagogía, (Barcelona, España: Editorial Labor S. A., 1974). P. 84.

ahí que se exija al lector estar enterado del tema sobre el cual está leyendo. En otras palabras, debe haber una predisposición o una idea anticipada de lo que espera hallar en la lectura. Averigüe de qué trata el texto, cuál es el tema dominante y cuáles son las ideas secundarias del libro, capítulo, sección, o párrafo que lee.

Cuestionario de repaso
Segunda Lección

1. ¿En qué están envueltos los secretos del ministerio y las pautas para una vida fructífera y eficiente en la viña del Señor?

2. ¿Qué se considera como analfabetismo práctico?

3. ¿Cuáles son las tres formas de comunicación que utiliza el ser humano?

4. ¿Por qué se dice que por algún tiempo toda persona es analfabeta, y cuándo deja de serlo?

5. ¿Dónde predomina el analfabetismo? ¿Podría usted dar un número aproximado de personas analfabetas que existen hoy en su país?

6. ¿Por qué la lectura es una de las destrezas de mayor importancia en la vida de una persona?

7. Siguiendo al Dr. Víctor García Hoz, enumere algunos problemas orgánicos y varios defectos adquiridos que pueden afectar la capacidad de una persona de leer y educarse.

_____

_____

_____

8. Haga una lista de las cosas o los materiales que usted lee en su diario vivir.

_____

_____

_____

9. De acuerdo con la Licenciada. Forero, ¿cuáles dos acciones implica la habilidad de leer?

_____

10. Mencione dos razones básicas para aprender a leer mejor.

_____

11. Se pensó que con la tecnología moderna la lectura iba a pasar a la historia como algo ya obsoleto e innecesario, pero es todo lo contrario. Explique qué es lo que pasa.

_____

_____

12. ¿Qué es lo más interesante y atractivo de la lectura?

_____

_____

13. ¿Está usted de acuerdo con la profesora Forero en que "los conocimientos más elevados nos llegan a través de la página impresa"? Explique.

_____

_____

14. Analice la máxima del filósofo Spencer acerca de la persona "cuyas ideas no están organizadas". Aplíquelas a la manera en que usted estudia.

_____

_____

15. ¿A qué crisis se refiere Isaías 29:12, y qué solución ofrecen programas de alfabetización como ALFALIT?

_____

_____

16. Mencione los tres factores que se deben tomar en cuenta al leer, según "la ley del ambiente".

_____

_____

17. Describa brevemente la ley de la motivación.

_____

_____

18. Anote las preguntas que se debe contestar el lector antes de iniciar una lectura, según "la ley del propósito".

_____

_____

19. Una de las excusas más razonables para no leer es "la falta de tiempo". ¿Qué se les debe decir a los que se escudan en dicha excusa?

_____

_____

_____

20. ¿Por qué le debe dar un lugar prioritario o preferente a la lectura toda persona que se está capacitando para servir al Señor con más eficiencia?

_____

_____

_____

21. ¿Por qué es necesario tener un horario de lectura?

_____

_____

22. ¿Qué sucede cuando una persona no es seria en cuanto a sus prioridades y el itinerario de lectura y estudios?

_____

_____

_____

23. ¿Qué es la concentración, para qué sirve y cómo se llega a ella?

_____

_____

_____

_____

24. ¿Qué sucede cuando el lector pierde la concentración en la lectura?

_____

_____

_____

_____

25. ¿Por qué se podría asociar la "ley del diccionario" con la "ley de la interpretación"?

_____

_____

26. De acuerdo con "la ley de las palabras" ¿por qué necesita el lector un conocimiento general de gramática y ortografía?

_____

_____

27. Por ejemplo: ¿qué diferencia hay entre las palabras "sé" con acento y "se" sin acento?

_____

_____

28. ¿En qué ayuda al lector el conocimiento de los signos ortográficos?

_____

_____

29. ¿Cuál es la causa principal de una lectura lenta, y qué efectos negativos produce en el lector?

_____

_____

30. ¿Cree usted que la lectura es el medio más seguro y firme para el aprendizaje? Explique.

_____

_____

_____

_____

31. Mencione los requisitos para aumentar la velocidad de la lectura y anote las ideas más interesantes de cada punto.

_____

_____

_____

32. En una escala del 1 al 10, ¿qué puntaje le atribuiría usted a su nivel de concentración o comprensión?

_____

33. ¿Está usted de acuerdo con la idea de que la mente es "la loca de la casa?". ¿Cómo se debe mejorar esta situación?

_____

_____

_____

34. María Teresa Forero opina que la lectura lenta produce falta de concentración porque el cerebro se divaga, como si la mente se aburriera. ¿Qué opina usted de esta afirmación?

_____

_____

_____

_____

35. Según el pedagogo García Hoz, ¿Qué es "estar atento"? ¿Qué es "educar la atención"?

_____

_____

_____

36. ¿Qué significan "el foco" y "el radio" en la concentración?

_____

_____

_____

_____

Tercera Lección

La memoria y sus funciones en la educación

INTRODUCCIÓN

Por equivocación e ignorancia muchos se expresan negativamente acerca de la práctica de la memorización. En esa misma línea de pensamiento, se critica a los maestros de tiempos pasados, los cuales exigían a sus alumnos aprender y recitar de memoria gran parte de las cosas que se enseñaban en la escuela primaria y aun a otras escalas. Por supuesto que es anti didáctica la costumbre de obligar a los alumnos a aprenderse de memoria grandes secciones de un capítulo o una sección de un libro o dictado. Sin embargo, la memorización es una práctica indispensable para retener, entender, interpretar e incubar las ideas transmitidas a través de la lectura o la exposición verbal.

Se debe empezar esta sección corrigiendo algunas ideas infundadas en cuanto a la memoria. Lo primero que se debe señalar es que no se trata de un órgano, una glándula o un músculo del cuerpo. La memoria es una de las facultades de la mente con la cual se apropia de toda información que le llega a través de los sentidos. Todo material informativo debe ser percibido, recibido, interpretado y almacenado por la mente en el ámbito de la memoria. De ahí que sea necesario entender en qué consiste esta facultad humana y saber cómo se ejerce y se usa de la mejor manera. De importancia primordial es desvanecer algunos mitos que la desfiguran, y a la vez entender lo que es y cómo se comporta la memoria humana.

I. MITOS ACERCA DE LA MEMORIA QUE DEBEN SER DESESTIMADOS

Es común que la conducta de muchas personas sea afectada negativamente por errores, mentiras, y mitos provenientes de personas mal informadas. En esta sección citamos notas de varias autoridades en los temas de la memoria, el aprendizaje y el desarrollo mental. Entre ellos destaca una serie de "mitos" o mentiras que se dicen acerca de la memoria, descritos por el Dr. Higbee, parafraseados aquí con el debido reconocimiento.[10] De él y sus colaboradores ofrecemos aquí una lista de mitos acerca de la memoria humana, los cuales deben ser descartados por su falsedad. Más adelante se comentará acerca de algunos secretos para el desarrollo de las facultades de captación, retención y reproducción como funciones de la memoria en el aprendizaje.

A. Primer mito "que algunos nacieron con una memoria mala"

Muchos piensan que la memoria es una cosa, un objeto, como un órgano o una glándula del cuerpo. De ahí que se refieran a ella como "buena o mala memoria," o como una memoria "fuerte o débil". Es un error pensar de ella como se piensa de un corazón saludable o unos dientes sanos. O, por el otro lado, considerarla como algo que se puede alimentar, curar o fortalecer con algunos medicamentos. La palabra "memoria" se refiere a un proceso, más bien que a una estructura física. En lugar de hablar de la "memorización" como la obra de un sistema estructural de la cabeza se debe concebir el hecho de "recordar" como una actividad mental que no puede ubicarse en una parte específica del cerebro. Recordar es un proceso o, más bien, una serie de procesos de la mente; no el trabajo de un órgano, un músculo o una glándula. Nadie nace con una "buena" o "mala memoria"; recordar es cuestión de adiestramiento y desarrollo.

B. Segundo mito "que hay que descubrir el secreto de la memoria"

Algunos piensan que existe un secreto o una clave para tener una "buena memoria". Estos suponen que leer un libro o tomar un curso para el entrenamiento de la memoria les bastará para memorizarlo todo y nunca olvidar lo que necesitan recordar. Sin embargo, la verdad es que no existe un secreto ni una llave que conduzcan a la obtención de una buena memoria. Son muchos los secretos, muchas las claves y muchos los procesos que pueden empezar a dar buenos

---

10 Kenneth L. Higbee, *Your Memory. How It Works and How to Improve it*, (New York, NY: Aavalon Publishing Group, Inc., 1996). pp. 2-15. (Paráfrasis de varios puntos del capítulo 1, titulado: "What Can You Expect From Your Memory? Ten Myths").

resultados en el desarrollo mental. No se trata de una clave o una fórmula mágica.

C. Tercer mito "que hay un método para memorizar"

Existe la falsa suposición de que hay un método fácil de memorizar. Igual que en el mito anterior, algunos no solo esperan descubrir la llave hacia la buena memorización, sino que creen que ella resolverá todo problema en ese sentido. No obstante, recordar no es tarea fácil y las técnicas de memorización no la facilitan como ellos lo esperan.

D. Cuarto mito "que hay memorias malas y memorias excelentes"

Algunos creen que tienen "mala memoria" cuando se les dificulta recordar cosas. Sin embargo, como se indica en el mito número 1, nadie puede decir siquiera que tiene una "memoria" buena o mala, como si se tratara de un órgano o un músculo, un miembro del cuerpo que no le funciona bien. Lo que debieran decir, en cambio, es que no han tenido el adiestramiento de la memoria que otros han recibido. No hay "malas memorias" ni "memorias excelentes", sino solo existen memorias mal adiestradas.

E. Quinto mito "que hay "memorias fotográficas"

Existe también el mito de que "algunos han sido dotados de una memoria fotográfica". Muchos sicólogos se niegan a aceptar la teoría de una memoria fotográfica, aunque sí existe el fenómeno llamado *imaginación eidética*, que es algo similar. Los que creen que algunas personas tienen una memoria fotográfica tienden a pensar que esa es una cualidad innata de unos pocos, mientras los demás no nacieron con dicha capacidad. Se ha comprobado que sin haber nacido con una memoria fotográfica, los que se someten a un entrenamiento sobre técnicas de memorización pueden llegar a desarrollar una destreza asombrosa de memorización.

F. Sexto mito "que la edad tiene que ver con la memoria"

Algunos piensan que una persona tiene que ser de cierta edad para desarrollar una buena memoria. Casi siempre se piensa que a partir de cierta edad ya no se puede memorizar nada. Se equivocan los que dicen que "no se le puede enseñar trucos nuevos a un perro viejo". Por el contrario, estudios recientes han revelado que, a menos que se trate de efectos de mala salud, traumas sicológicos, abuso de drogas, bebidas embriagantes o accidentes cerebrales, las personas que oscilan entre los 65 y 85 años de edad todavía pueden desarrollar destrezas notables de memorización.

II. HAY QUE RECONOCER LOS TRES ESTADOS DE LA MEMORIA

Como se indicó anteriormente, la memoria no es un órgano o un miembro físico del cuerpo. La memoria o la capacidad de recordar lo aprendido es un proceso de tres pasos, conocidos como los tres estados o las tres etapas de la memoria, que son: la adquisición, el almacenamiento y la recuperación. Ken Higbee facilita este proceso de las tres etapas de la memoria de la siguiente manera: "Las tres etapas de la memorización pueden ser ilustradas comparando la memoria con un archivo. Primero se escribe la información en un papel (anotar); luego se coloca en una carpeta bajo el encabezamiento apropiado (guardar); en el momento de necesitar dichos datos se buscan y se extraen del archivo (reproducir)".[11]

A. Proceso de adquisición y registro de la información

1. La información debe ingresar a la memoria por el mayor número de sentidos físicos. La memoria depende de la calidad de la percepción y el registro de lo que la persona ha de aprender. Para que haya una buena percepción y un claro registro de la información, esta debe ingresar a la conciencia por todos los sentidos del estudiante. Estos constituyen las ventanas y avenidas por donde ingresa a la mente todo lo que ha de memorizarse. Es muy importante ver, leer, escuchar y aprender haciendo uso de todos los sentidos posibles, especialmente el oído, la vista y el tacto. También los demás sentidos físicos como el olfato, el gusto, los sentidos cinéticos, álgicos, gélidos y térmicos juegan papeles importantes en todas las experiencias de la vida; y las de carácter cognoscitivo no son la excepción.

2. La información debe ser recibida con sostenida atención y pleno interés. Usemos aquí la ilustración que da un profesional de la sicología del aprendizaje. La atención y el interés son los reyes de la mente; los sentidos son los sirvientes que les llevan a los reyes toda la información que les llega. Si los sirvientes reciben los datos o

---

11 Kenneth L. Higbee, Op. Cit., p. 17. (De esta interesante obra citamos varias notas sobre la manera en que se comporta la memoria humana).

estímulos con la suficiente intensidad y claridad, ellos les darán a sus amos la información correcta. En cambio, si las señales son débiles o confusas, los mensajeros se confundirán y dejarán de llevar a los reyes información suficiente para que estos se mantengan despiertos. La actividad de los sentidos depende de la efectividad de los que producen la información: maestros, predicadores e informadores. En el caso de las personas que estudian de manera independiente, en sus hogares y en planes de estudios dirigidos o por extensión, tiene que haber alguien que les despierte el interés y los ayude a reconocer las razones y las ventajas de lo que dichos programas ofrecen.

3. La recepción de lo que se desea aprender debe darse sin estorbo ni distracciones. Ya sea que la persona esté leyendo un libro de texto, recibiendo en vivo las enseñanzas de su maestro o viendo y escuchando algún material pregrabado, lo deseable es que todo suceda en un ambiente de sosiego y tranquilidad. ¿Quién puede recordar lo que se le dijo en medio del bullicio de la calle o con constantes interrupciones? Lo recomendable es que el proceso de enseñanza-aprendizaje tenga lugar en momentos de paz, tranquilidad, silencio y buen ambiente, para poder concentrarse en leer y estudiar los temas que interesen. Eso hará que la memorización sea más fácil y el almacenamiento de datos y experiencias más nítido.

4. La motivación es necesaria y esencial para que el individuo atienda y aprenda. El ser humano es árbitro de su mente, su atención y su interés para lo que ha de aprender, por lo tanto es de esperarse que cada uno sea su propio motivador para luchar por el éxito en la vida. La motivación es una fuerza que puede conducir a la persona a triunfar en los proyectos que emprenda. La motivación que viene de afuera, la que le brindan otras personas, es algo muy preciado. No obstante, la mejor motivación es la que cada individuo puede y debe administrarse a sí mismo. Un estudiante con motivaciones internas es una persona optimista y entregada a esforzarse por crecer y alcanzar metas deseables. Eso le ayudará a estar siempre alerta, con gran expectativa de recibir la mejor información posible para su avance.

B. Proceso de almacenamiento y conservación de lo aprendido

1. El almacenamiento y la retención de lo aprendido es la función principal de la memoria. Si el proceso de adquisición o recepción del material leído o escuchado se realiza en un ambiente propicio, como

se indicó en el párrafo anterior, a la mente se le facilitará el proceso de archivar y codificar lo que se ha estudiado. Esto de archivar y registrar información es un ejercicio de organizar las ideas y colocarlas en el orden en que se deben guardar. Un entendido en esta materia dijo que la persona que no organiza sus ideas, cuantas más tenga, mayor será su confusión. Así que la pregunta no es cuánto hemos aprendido sino cuánto hemos podido retener y organizar en nuestra mente, si es que lo queremos usar más tarde.

2. El repaso y la repetición mental, y aun verbal, de los hechos ayudan a que estos sean memorizados. Para poder memorizar, retener y organizar algo en la mente es urgente que se empiece a recordar tan pronto como se aprende. Todos olvidamos en treinta segundos la mitad de lo que aprendemos, y el noventa por ciento de todo en el siguiente medio minuto. De manera que no se olvidan las cosas en el transcurso de un largo período sino casi en el mismo momento en que nos llegan a la mente. Solo hay dos maneras de evitar el olvido inmediato: poniendo mucha atención y repasando los hechos tan pronto como estos ocurren.

3. Solo lo que causa una impresión profunda permanece en la memoria casi inolvidablemente. ¿Se ha fijado usted que los hechos relacionados con un accidente o los que causaron más dolor o felicidad son los que se mantienen por más tiempo en la mente? Si eso es así, entonces cada dato de importancia debe ser recibido con mucho agrado y entusiasmo. Eso se logra cuando se le halla el sentido correcto y el significado más profundo a cada hecho que se percibe. Las personas más inteligentes celebran hasta las cosas que parecen insignificantes: un sitio nuevo, una flor, un paisaje, un dicho, un pensamiento y todo lo que se puede admirar. Si se quiere guardar en la memoria cada cosa importante, démosle la importancia merecida a cada cosa que descubrimos.

C. Proceso de reproducción de lo memorizado y organizado

1. Las cosas disponibles solo son útiles si son accesibles, o como dicen algunos: "están a buen recaudo". La memoria solo puede reproducir lo que ha almacenado de manera organizada. Lo que estuvo en su haber pero ya no lo está; o lo que está, pero no se sabe dónde, son cosas de muy poco o ningún valor. De nada sirve tener en casa un martillo, un libro interesante o cualquier artículo de importancia, si en

el momento en que lo necesitamos no lo podemos hallar. Del mismo modo, de nada nos servirán todas las cosas que se nos han enseñado si no las hemos estado repasando en el transcurso del tiempo ni las hemos colocado en un lugar accesible en nuestra mente. Para que cierta información retenida en la memoria sea de utilidad, esta debe estar disponible y encontrarse en un lugar fácil de ubicar.

2. El éxito de la reproducción depende del claro registro y la organizada retención. El trabajo de reproducción es la parte del quehacer mental en la que más problemas enfrenta la memoria. El estudiante debe estar seguro de realizar los dos fenómenos siguientes: (a) El proceso de la adquisición o el registro de las ideas debe ser claro desde el principio. Para el proceso de archivar o registrar un dato es indispensable entender cada palabra, puesto que las ideas entran a la mente en forma de palabras. Si estas son desconocidas u oscuras, la memoria no las podrá registrar, y si las registrara no los podrá reproducir. Almacenar palabras desconocidas es una tarea casi imposible y totalmente inútil, porque se está manejando un material sin sentido. (b) El estado de retención y almacenaje de las ideas debe ser ordenado y bien demarcado. Si el lector o estudiante no ordena ni delimita las cosas que sabe, a la hora de sacarlas del almacén de su memoria le aparecerán todas mezcladas y revueltas. Esa es la razón por la que muchos no hablan bien; no porque no sepan cosas, sino porque no las pueden reproducir en orden.

Cuestionario de repaso
Tercera Lección

1. A pesar de lo que dicen los críticos, ¿qué lugar se le debe dar a la memorización?

_____

_____

_____

2. Explique qué no es y qué es la memoria.

_____

_____

_____

3. ¿Por qué no debemos referirnos a la memoria como buena o mala?

_____

_____

4. ¿Por qué no se puede hablar de la memoria como algo que se puede alimentar, curar o fortalecer con algunos medicamentos?

_____

_____

_____

5. Explique qué es y qué no es "recordar".

_____

_____

_____

6. Describa brevemente el significado del cuarto mito, "que hay memorias malas y memorias excelentes" y amplíe lo que se da como respuesta a esa falsedad.

_____

_____

_____

_____

7. Los sicólogos contradicen el mito de que "algunos tienen una memoria fotográfica". ¿Qué fenómeno proponen como algo similar?

_____

_____

8. Explique cómo es que no hay "malas memorias" sino solo memorias mal adiestradas.

_____

_____

9. ¿Qué se dice del sexto mito, "que la edad tiene que ver con la memoria"?

_____

_____

10. El Dr. Ken Higbee ilustra las tres etapas de la memorización comparándola con un archivo. ¿Cuáles son esas tres etapas?

_____

_____

11. ¿Por qué se debe hacer uso de todos los "sentidos" para que haya una buena percepción y un claro registro de la información?

_____

_____

12. Explique con sus propias palabras la ilustración de la mente como un palacio donde los reyes son la atención y el interés, y los sirvientes son los sentidos, ¿cómo se realiza el proceso de la información en el palacio?

_____

_____

13. ¿Por qué es importante el papel de las personas que producen la información para la actividad de los sentidos que son los que la reciben?

_____

_____

_____

14. ¿Cómo es que la actividad de los sentidos depende de la efectividad de los que producen la información?

_____

_____

_____

15. ¿Por qué es necesaria y esencial la "motivación" para que una persona atienda y aprenda?

_____

_____

_____

16. ¿Cómo se debe realizar el proceso del almacenamiento y la conservación de lo aprendido?

_____

_____

_____

17. ¿Qué se recomienda con urgencia para poder memorizar, retener y organizar algún dato en la mente?

_____

_____

_____

18. ¿En cuánto tiempo olvidamos las cosas que aprendemos, si no se repasan ni se reproducen mental, y verbalmente?

_____

_____

_____

19. Explique por qué se dice que la memoria solo puede reproducir lo que ha almacenado de manera organizada.

_____

_____

_____

20. ¿En qué consiste el trabajo de la reproducción?

_____

_____

_____

21. Desarrolle brevemente los dos fenómenos que los estudiantes deben estar seguros de realizar en el proceso de la reproducción.

_____

_____

_____

22. El proceso de la adquisición o el registro de las ideas debe ser claro desde el principio:

_____

_____

_____

23. El estado de retención y almacenaje de las ideas debe ser ordenado y bien demarcado:

_____

_____

_____

Cuarta Lección
Tres modelos de aprendizaje:
el pasivo, el activo y el interactivo

INTRODUCCIÓN

Los humanos fuimos creados con la predisposición y los recursos, innatos y adquiridos, como para recibir una educación y alcanzar una formación para la vida. Dicho de otro modo, el Creador divino nos hizo pensantes, inteligentes, comunicativos, educables, visionarios e idealistas. Todo lo que falta es que cada uno eche a volar su imaginación, establezca las mejores metas para su vida y decida poner en acción sus mejores esfuerzos para llegar a los fines deseados. Las cuatro agencias para el desarrollo humano y la consecución de los mejores anhelos son: la familia, la escuela, la iglesia y la sociedad. Después de los beneficios naturales, provistos por la familia, la educación es la agencia que provee los recursos para la formación intelectual y el desarrollo social.

La educación es el proceso por el cual se transmite la cultura y los conocimientos que conducen a un mejor desempeño en la vida, tanto en lo secular como en el ámbito espiritual. La educación consta del doble proceso, enseñanza-aprendizaje, por medio del cual el individuo se prepara para hacerles frente a los desafíos y las demandas de toda una vida. El aspecto religioso de la educación se propone ofrecerle a la persona la capacitación adecuada para su desempeño en el servicio cristiano. La educación bíblica ministerial es parte de la formación de los que responden al llamado divino a la obra en el reino de Dios en la tierra. Sin embargo, el éxito o fracaso en ese procedimiento depende de la forma en que dicha educación se realice. Hay tres tipos o modelos de enseñanza–aprendizaje: el pasivo, el activo y el interactivo. Se supone que el mejor de los tres sea el interactivo, como se verá a lo largo de este capítulo.

Dos cosas debemos traer a la atención de nuestros lectores, con énfasis muy especial: En primer lugar queremos expresar nuestra más profunda admiración y nuestro sincero agradecimiento a los educadores y escritores Thom y Joani Schultz, por el increíble aporte que han hecho al ministerio de los que nos ocupamos del quehacer educativo con su desafiante libro, *Por Qué Nadie Aprende Mucho de Nada en la Iglesia y Cómo Remediarlo*. Esta es una publicación que todos nuestros lectores deben adquirir, y cuyos agudos señalamientos deben esforzarse en aplicar. De esta obra nos ufanamos en ofrecer las recomendaciones vertidas en este capítulo. En segundo lugar advertimos que los conceptos presentados aquí se dan desde el punto de vista del educador, no del educando; y la razón de presentarlos es que los estudiantes se den cuenta de la importancia de hacer un giro en nuestra didáctica. Esto quizás pueda ayudarlos a seleccionar lo que pueda producirles mejores resultados en su experiencia educacional.

I. ¿EN QUÉ CONSISTE Y QUÉ PRODUCE EL APRENDIZAJE PASIVO?

Se puede calificar como "pasivo" el paradigma o estilo de aprendizaje en el cual el maestro imparte su clase mientras los alumnos escuchan en silencio. En el mejor de los casos los estudiantes tienen un libro de texto, o copian en una libreta de notas la información que el instructor va dictando. Por lo regular, nadie interrumpe ni participa, a menos que surja una pregunta, la cual, casi siempre es contestada de manera limitada y limitada por el maestro.

A. Aparentes ventajas del modelo pasivo de aprendizaje

1. Le permite al maestro abarcar mucho material de enseñanza. Una de las razones por las que algunos educadores hacen uso de este tipo de enseñanza es la posibilidad de cubrir bastante material, debido a que no se da oportunidad para que los estudiantes participen.

2. El maestro tiene la oportunidad de manifestar autoridad ininterrumpida. En la mayoría de los casos, los maestros que se acogen a este modelo de enseñanza son personas que desean ser escuchados porque piensan que tienen la información correcta y no están dispuestos a alternar con sus oyentes para que estos den a conocer sus ideas. La enseñanza unidireccional es impositiva y

fija; ya no hay nada que discutir ni se espera que los que la reciben tengan algo importante que decir.

3. Algunos alumnos se someten pasivamente a recibir información. Los educandos de temperamentos apacibles, no dados a opinar, mucho menos, a cuestionar las ideas y la información que se les imparte, reciben con mucha tranquilidad este estilo de enseñanza.

4. La enseñanza ininterrumpida, a veces, queda más fija en la mente del estudiante. Algunos alumnos prefieren la quietud de un aula silenciosa a una llena de interrupciones, discusión y hasta altercados. Muchos asimilan el material que se les comunica y cuando se encuentran frente a argumentos e ideas cuestionables, optan por resolver dentro de sí sus dudas e imaginar sus propias respuestas antes que interrumpir al orador.

B. Desventajas del modelo de enseñanza pasiva

1. Cansancio y aburrimiento. A la mayoría de estudiantes le cansa y aburre una enseñanza monótona, unidireccional, sin la oportunidad de dar a conocer sus ideas y escuchar las de los demás. En muchas ocasiones algunos de los presentes sucumben "en los brazos de Morfeo", durmiendo o dormitando durante la conferencia por falta de acción en el aula.

2. Posibles fugas de atención ante la monótona cadencia de la voz de su maestro. Los largos períodos de conferencias ininterrumpidas pueden causar tedio y producir fugas de atención. Los sicólogos de la educación aseguran que la atención aun de los mejores estudiantes solo permanece fija en un asunto por unos pocos segundos, para luego gravitar por todas partes por medio de la imaginación. Hasta los educandos más entrenados y aplicados tienden a divagar cuando se cansan de escuchar la monótona cadencia de la voz de sus instructores.

3. Inevitable pérdida del interés de los oyentes. Es innegable que el interés depende en gran parte de la atención voluntaria que los alumnos puedan prestar en clase. Si la atención experimenta fugas por lo aburrido y fatigoso de la voz y el método de su instructor, los alumnos perderán el interés en lo que se está tratando y se dedicarán a entretenerse en cualquier otra cosa. En tales casos, la pretendida enseñanza sigue cayendo en terreno árido, desprovisto de entusiasmo y ajeno del propósito que se persigue. Para recuperar la atención y el interés en clase, algunos maestros recurren a los regaños y las ame-

nazas por la "falta de dedicación y respeto", pero no se dan cuenta de que la falla está en ellos, no en sus fatigados escuchas.

II. ¿CÓMO SE DEFINE Y QUÉ RESULTADOS DA EL APRENDIZAJE ACTIVO?

¿Qué es el "aprendizaje activo? El aprendizaje activo no es otra cosa que aprender en la práctica; es aprender haciendo, trabajando, repitiendo hechos, no teorías, explicando cada concepto con gestos, cuadros y acciones reales, relacionadas con lo que trata el estudio. El trabajo del maestro consiste en dar las instrucciones con suficiente anticipación para que los alumnos se preparen para participar. A cada pareja o grupo se le debe proveer una lista de ideas, conceptos y recursos. Los estudiantes buscan la información y las respuestas a cada uno de los puntos a tratarse. No es que los maestros no enseñen sino que se trata de hacer que los alumnos descubran, compartan y analicen cada asunto. Las experiencias que cada uno tenga deberán ser analizadas y aplicadas en el "diálogo posterior".

Este estilo de aprendizaje activo difiere mucho del pasivo, y ya de por sí se puede calificar como mucho más efectivo y producente. Veamos en qué consiste y cuáles son algunas ventajas y desventajas de este modelo educacional. De más está decir que este es un método relativamente nuevo en este hemisferio occidental de nuestro mundo. La enseñanza activa empezó a desarrollarse en Asia, especialmente en el Japón, de acuerdo con la apreciación de los escritores Thom y Joani Schultz,[12] pero poco a poco los educadores de las Américas han ido introduciéndolo a los sistemas educacionales de estos países. Se ofrecen estas notas en este curso preliminar para los estudiantes ministeriales para que sepan que estos métodos existen, y para que estén a la expectativa para que cuando estén ejerciendo la pedagogía en sus iglesias introduzcan y apliquen estas ideas a la nueva docencia cristiana.

A. Ejemplos del aprendizaje activo

1. Clases de música instrumental. Como prueba de la eficacia del modelo activo de educación se puede comentar lo que les sucede a los que toman clases de música. Todo el tiempo dedicado a la historia, la teoría y los conceptos rutinarios de la música será aburrido y tedioso para los estudiantes. Pero tan pronto como se les permite empezar a ejecutar

---

12 Thom y Joani Schultz, Op. Cit., p. 105.

los instrumentos musicales, las cosas serán diferentes para ellos. Ahí comprobarán que es cierto el dicho: "se aprende a tocar, tocando".

2. Los que se entrenan como aviadores son testigos de la diferencia entre lo pasivo y lo activo. Mientras sus instructores les están dando la parte teórica de su entrenamiento por medio de charlas y la lectura de manuales están desesperados, como si estuvieran perdiendo su tiempo. Su interés y sus esfuerzos se estimulan y crecen a partir del momento en que se les deja manipular un simulador de vuelo; y mucho más cuando están volando un avión real.

3. Otra manera de ir de lo pasivo a lo activo es la dramatización. Se ha comprobado que las lecciones dramatizadas producen mejores resultados en los participantes porque les dan vida a los personajes de las historias. El drama didáctico hace que los alumnos realicen hechos y vivan experiencias que difícilmente olvidarán. Dramatizar una escena o un evento es aprender de manera activa los conceptos y argumentos de una lección que de otra manera parecería inactiva y sin vida. En el drama se vitaliza el carácter y se desarrolla la personalidad del educando. Afloran y salen a la luz características y cualidades que han estado ocultas por falta de acción.

4. Otras maneras de practicar el aprendizaje activo son los juegos de simulacro, como prestar auxilio ante una crisis, un terremoto o un accidente. También se pueden realizar proyectos de beneficencia en el vecindario o conducir actividades de evangelización en las calles. ¿Y qué se puede decir de las excursiones y los viajes a sitios de interés educativo, como parques, museos, otras iglesias y lugares que pueden contribuir al desarrollo de los educandos y al aumento de sus conocimientos prácticos. Esto nos hace recordar el método *peripatético* (del vocablo griego *peripatos*, "paseo") en el que los seguidores de Aristóteles acostumbraban dar sus clases mientras caminaban con sus discípulos por los parques y bosques consagrados a los dioses y las musas. Dicha práctica permitía a los educadores ilustrar sus lecciones con hechos y a los educandos observar la naturaleza con sus elementos reales de manera activa.[13]

B. Razones para practicar el aprendizaje activo

1. Porque fue el método favorito de Jesús. Antes de mencionar

---

13 Ver definiciones de Leonor y Hugo Martínez Echeverri, Diccionario de Filosofía Ilustrado, (Bogotá, Colombia: Panamericana Editorial Limitada, 2000). p. 435.

algunas de las razones para usar el método activo de aprendizaje debemos reconocer que ese fue el modelo favorito de Jesús.

El Maestro por excelencia convirtió el agua en vino, sanó enfermos, liberó endemoniados, alimentó a las multitudes, manejaba el clima, calmó la tempestad, ilustró su enseñanza con la participación de un niño, hizo lodo para untarlo en los ojos de un ciego, luego lo mandó a lavarse en un estanque, se valió de las redes de los pescadores, los azotes de los mercaderes en el templo, los elementos y utensilios de la santa cena y del agua para el lavatorio de los pies de sus discípulos. En Jesús el hacer era tan importante como hablar, predicar y enseñar.

2. Porque los estudiantes están cansados de los métodos pasivos. Si a un grupo de estudiantes se les da a escoger entre escuchar discursos y aprender por medio de la acción, lo más seguro es que escojan los métodos activos. El aprendizaje activo se lleva a cabo por los alumnos en parejas o en grupos. El maestro prepara a los estudiantes para que sigan las instrucciones relacionadas con el tema del estudio. Ellos realizan las actividades por medio de acciones en forma de dramas, proyectos, juegos, pantomimas, trabajos manuales, pinturas, obras musicales, actos alusivos al tema que se estudia y otras prácticas relacionadas con el material que se estudia.

3. Porque se retiene más lo que se aprende a través de experiencias directas. Los expertos en educación enumeran los métodos de enseñanza según el orden de eficacia en la experiencia de los estudiantes, de la siguiente manera: (a) experiencias directas, como participación, discusión, preguntas y respuestas, (b) experiencias imaginarias, como juegos, simulaciones, teatro, (c) presentaciones dramáticas, como dramas y marionetas, (d) excursiones de estudio, (e) exhibiciones, como museos y demostraciones, (f) filmaciones, como películas o televisión, (g) grabaciones, como radio, retro proyecciones y fotos, (h) símbolos visuales, como mapas, dibujos, diagramas y tablas, (i) símbolos verbales, como palabras.

4. Porque a mayor participación mayor aprendizaje y menos olvido. Cuánto más directamente participan los estudiantes en las experiencias de aprendizaje, más aprenden de ellas. Los siguientes resultados revelan cuánto aprenden los alumnos de cada tipo de experiencia: (a) comunicación oral o escrita 5-10%, (b) medios de comunicación masiva 25%, (c) experiencias imaginarias 40-60%, experiencias audiovisuales 70%, experiencias personales directas

80-90%. Se ha comprobado que los fenómenos físicos y los hechos externos contribuyen más al recuerdo de las cosas que los actos mentales internos. Por ejemplo, anotar datos, trazar algunas figuras, destacar fechas con distintos colores, hacer marcas o poner ciertas señales visibles son detalles que ayudan a las personas a recordar cosas que tienen que hacer. Esas son maneras de ayudar a la mente a no olvidar cosas de importancia que tienen que hacer, mientras que si dependen totalmente de la memoria interna pueden olvidarlas con mayor facilidad.[14]

5. Estilos predilectos de aprendizaje. El aprendizaje de los humanos está relacionado con una variedad de estímulos físicos. Los que sobresalen en el proceso de la enseñanza-aprendizaje son: (a) los estímulos auditivos, para los que dependen mayormente de sus oídos, (b) los visuales, para los que captan más con la vista, y (c) los cinéticos para los que prefieren el movimiento, pues recuerdan más los que hacen, tocan, o sienten. Esto concuerda con un dicho muy sensato, citado por Schultz, del cual damos la siguiente paráfrasis: "Si me dices algo, quizá lo olvide; si me muestras algo, probablemente lo recuerde; pero si lo que me digas y me muestres, luego me induces a practicarlo, seguramente lo recordaré".[15]

6. ¿Cómo se verifica y se confirma el aprendizaje activo? La verificación y confirmación del aprendizaje activo se realizan a través de lo que se conoce como "diálogo posterior". Este es un proceso por el cual, al terminar el período de trabajo, se evalúan las experiencias que las parejas o grupos de estudiantes acaban de tener. El maestro dirige el diálogo pero no lo monopoliza. Se llama diálogo posterior porque tiene lugar después de las actividades de la clase. Es en este proceso de diálogo y análisis que los resultados de las actividades se utilizan para que generen cambios en la vida de los educandos.

7. ¿En qué consiste este proceso de diálogo posterior? Este proceso consta de tres pasos: (a) Reflexión. En el proceso de reflexión los estudiantes dan a entender "qué sintieron" durante el período de la clase. Normalmente en ese lapso las personas participantes tienen experiencias emocionales. Las emociones juegan un papel

---

14 Ver para esto lo que sugiere J. C. Cavanaugh, "Forgetting and Use of Memory Aids" Journal of Aging and Human Development 17, (1983). P. 133.
15 Thom y Joani Schultz, Op. Cit., pp. 110,111.

importante en la enseñanza-aprendizaje; y si eso es así al utilizar el modelo pasivo, mucho más puede ser en el aprendizaje activo. Las acciones, los dramas, los ejemplos prácticos y todo lo que se ha hecho para descubrir las verdades de la lección pueden provocar sentimientos y conmoción. (b) Interpretación. En este segundo paso del diálogo posterior, el maestro les pregunta a los participantes qué significa todo eso para ellos. Ese será el momento en que las personas identifican algún punto o varios puntos del mensaje de la lección y lo expliquen tal como ellos los entienden. (c) Aplicación. En este paso final se les pregunta a los estudiantes qué piensan hacer con lo que han descubierto; cómo van a aplicar las verdades de la lección a la realidad de su vida. Por ejemplo, si el estudio trata del amor cristiano, este será el momento de darse a la acción, aportando para la ayuda de los necesitados. Si el estudio es evangelístico, ahora se debe planear una campaña de evangelización de casa en casa.

C. Lo que algunos temen del uso del aprendizaje activo[16]

1. Algunos temen que las personas no puedan descubrir la lección. Para algunos educadores el aprendizaje activo es muy arriesgado, porque puede ser que algunos estudiantes, al final de las actividades de la clase no sepan en qué consistió la lección. No obstante, podemos reconocer que las charlas, conferencias y predicaciones que les damos también son muy riesgosas, porque muchas veces los "oyentes" no están oyendo. Por otra parte se debe señalar que para que los alumnos aprendan la lección por medio de actividades, es necesario prepararlos y guiarlos a través de todo el proceso.

2. Otros temen que en el modelo activo, la capacidad y personalidad del maestro queden a un lado y se desperdicien. Sin embargo, los que piensan así deben reconocer que en el modelo activo, los maestros no desaparecen, ni quedan a un lado. Por el contrario, ellos son los motivadores e inspiradores de todas las actividades que han de desarrollarse en clase. Es el maestro quien dirige la planificación y da las sugerencias para que los alumnos trabajen en grupos o por parejas. El maestro no estará dando charlas ni conferencias; él no estará al frente de un grupo de oyentes inactivos, pero siempre estará al tanto de todo lo que está sucediendo. El maestro hace su trabajo anticipadamente, preparando y orientando a los alumnos y los obser-

---

16 Ibid., pp. 119-123.

va y ayuda durante las actividades, pero no los interrumpe. En este modelo de aprendizaje activo el maestro trabaja antes y después de la clase: antes, proveyendo ideas y organización; luego, en el "diálogo posterior". De otro modo, ¿quién habría de dirigir los pasos de "reflexión", "interpretación" y "aplicación"?

3. Cómo realizar la transición a los métodos activo e interactivo. Tenemos que admitir que lo acostumbrado y tradicional en nuestras iglesias es depender casi exclusivamente del modelo pasivo, en el cual el maestro hace todo el trabajo. Nuestros alumnos escuchan pasiva e inactivamente hasta que se aburren y dejan que su mente divague y se distraiga con cualquier cosa. Se entiende que cambiar de ese modelo a los nuevos estilos de aprendizaje: activo e interactivo, no es fácil. Lo recomendable es empezar poco a poco, combinando los métodos y alternando entre el sistema acostumbrado y los nuevos sistemas. De esa manera nosotros nos vamos habituando al cambio y los alumnos también se van acostumbrando a que no se les tenga que decir todo. Y, en efecto, así debe ser: lo recomendable es alternar los métodos y utilizarlo mejor según los resultados.

III. ¿QUÉ ES Y QUÉ SE ESPERA DEL APRENDIZAJE INTERACTIVO?

A. Las tres estructuras: individual, competitiva e interactiva

Los expertos en educación reconocen tres estructuras de aprendizaje, la "individual", la "competitiva" y la interactiva. En el modelo "individual" el estudiante lee solo, piensa solo, responde solo y se esfuerza por alcanzar el éxito a solas. Los más interesados y aplicados, lo logran, pero los demás pueden abandonar sus tareas por falta de motivación. En ese plan, la persona dice: "yo hago lo mío". En el plan "competitivo", predomina la actitud "yo gano; tú pierdes" o "tú ganas; yo pierdo". En cambio, en el modelo "interactivo" estudian en parejas o en grupos pequeños, en los cuales cooperan unos con otros, aprenden juntos y buscan las respuestas con una actitud de compañerismo y celebran sus éxitos en conjunto. Esta es también la filosofía reflejada en el tercero de los tres paradigmas que presenta el Dr. Covey: en el cuarto hábito, "piensen en ganar-ganar".[17]

---

17 Stephen R. Covey, The 7 Habits of Highly Effective People, (New York, NY: Franklin Covey Company, 1997). p. 178.

B. Características esenciales del modelo interactivo

1. En el sistema interactivo el énfasis del aprendizaje está en el alumno, no en el maestro. Los alumnos después de recibir la orientación correspondiente al estudio del día, se dedican a trabajar en grupos de cuatro personas, o en parejas, para descubrir las verdades de la lección. Al final se reúnen con el maestro para el diálogo posterior.

2. El modelo interactivo de aprendizaje se presta para fomentar la interdependencia entre los alumnos. Ellos reconocen, admiten y utilizan la ayuda mutua: leen juntos, piensan, discuten y encuentran las soluciones que buscan con una actitud de cooperación. Su lema es: aisladamente cada uno puede hacer algo, pero juntos podemos hacerlo todo mucho mejor.

3. En el aprendizaje interactivo todos participan y se valoran sin dejar a nadie fuera de acción. Todos toman en cuenta las capacidades y los aportes de sus compañeros. Se nota el aprecio que cada uno manifiesta a su pareja o grupo, y el anhelo de poner en alto a los demás al rendir su informe.

4. El método interactivo ayuda a todos los participantes a desarrollar sus habilidades y capacidades, tanto personales como interpersonales. Además de los descubrimientos relacionados con las verdades y los puntos de la lección, los estudiantes desarrollan habilidades de carácter social: aprenden a llevarse bien con sus compañeros, cosa que no está sucediendo con los modelos tradicionales. Aquí conviene citar de nuevo a Covey con su escalera de la madurez emocional. El primer peldaño es el de la "dependencia", en el que la persona asume la actitud de un "niño", incapaz de valerse por sí solo y tiene que depender de lo que los demás hagan por ella. Ese es el estado de la inmadurez. El segundo peldaño es el de la "independencia", el estado de la "adolescencia" emocional en que la persona quiere hacer las cosas por sí solo, sin depender de nadie. El tercero es el peldaño de la "interdependencia" y la cooperación, el de la "adultez", cuando se comparte todo en igualdad para obtener los mejores resultados.

C. Procedimientos y técnicas del modelo interactivo

1. Lista de preguntas, temas o problemas a resolver. Después de designar parejas, o permitir que los equipos se numeren de uno a cuatro, para luego separar los grupos, el maestro o líder les entrega la lista de preguntas, proyectos o temas que habrán de ser tratados.

2. Lecturas escogidas como tareas de investigación. El método interactivo permite que los grupos y las parejas desarrollen proyectos y realicen tareas en las que colaboren unos con otros. Por ejemplo, se les puede asignar pasajes o temas para lean con entendimiento, discutan y descubran los detalles que deben entender y luego los compartan con los demás grupos bajo la dirección del maestro en lo que se llama diálogo posterior.

3. Paráfrasis e interpretación. Esta técnica de parafrasear e interpretar partes de la Biblia enriquece e instruye a los alumnos. En lugar de que sea el maestro quien les da todas las interpretaciones, se debe orientar y poner a trabajar a los grupos y parejas para que ellos descubran el sentido de cada porción. La paráfrasis es la técnica de decir lo que dice el texto con otros términos, con palabras más sencillas y ejemplos más al alcance de todos.

Cuestionario de repaso
Cuarta Lección

1. ¿Cuáles son las cuatro agencias que contribuyen al desarrollo humano y la consecución de los mejores anhelos?

_____

_____

_____

2. Después de los beneficios naturales, provistos por la familia, ¿qué agencia es la que provee los recursos para la formación intelectual y el desarrollo social?

_____

3. ¿Qué es la educación?

_____

_____

4. ¿Qué logros obtiene el individuo al momento de practicar la educación con el proceso de enseñanza-aprendizaje?

_____

_____

5. Explique en qué consiste y qué produce el aprendizaje pasivo que se ha practicado siempre.

_____

_____

6. Describa las aparentes ventajas del modelo pasivo de aprendizaje.

_____

_____

_____

7. Describa brevemente las desventajas del modelo de enseñanza pasiva.

8. Haga un resumen de la definición que se da del aprendizaje activo.

9. ¿En qué difiere el estilo "activo" del "pasivo"?

10. ¿Cuándo dan las instrucciones a sus alumnos en el modelo de aprendizaje activo?

11. ¿De acuerdo con los educadores Thom y Schultz, dónde empezó a desarrollarse la enseñanza activa?

12. ¿Qué aprendemos de los que estudian música instrumental y los que se entrenan como aviadores como ejemplos del aprendizaje activo?

13. La enseñanza activa fue el método favorito de Jesús. Mencione algunos ejemplos del ministerio de enseñanza activa de Jesús.

14. ¿Por qué están cansados los estudiantes de que se les enseñe con los métodos pasivos?

_____

_____

_____

15. Describa el orden de eficacia de los métodos de enseñanzas según los expertos en educación, basándose en la experiencia de los estudiantes.

_____

_____

_____

16. Se dice que "a mayor participación menos olvido". Anote a continuación los porcentajes de aprendizaje de acuerdo con cada tipo de experiencia.

       Comunicación oral o escrita _____

       Medios de comunicación masiva _____

       Experiencias imaginarias _____

       Experiencias audiovisuales _____

       Experiencias personales directas _____

17. ¿Cuáles son los estímulos físicos que sobresalen en el proceso enseñanza-aprendizaje?

_____

_____

_____

18. Mencione los tres pasos del proceso de diálogo posterior.

_____

_____

_____

19. Describa el primero de los tres temores que manifiestan algunos en cuanto al uso del aprendizaje activo.

_____

¿Qué se les debe decir a los que temen que el modelo de aprendizaje activo deje a un lado la capacidad y personalidad del maestro?

_____

_____

20. ¿Cómo debe realizarse la transición del método pasivo a los estilos activo e interactivo?

_____

_____

21. ¿Cuáles son las tres estructuras que se desarrollan en el aprendizaje interactivo?

_____

_____

22. ¿Qué opina usted acerca de la filosofía "ganar-ganar" del Dr. Covey, reflejada en el modelo de enseñanza interactiva?

_____

_____

23. ¿En quién se pone el énfasis del aprendizaje en el sistema interactivo?

_____

_____

24. Se dice que el modelo interactivo de aprendizaje se presta para fomentar la interdependencia entre los alumnos. ¿En qué consiste esta actitud?

_____

_____

_____

25. Describa los tres peldaños de la "escalera de la madurez emocional" del Dr. Covey.

26. ¿Cuáles son los procedimientos y las técnicas del modelo interactivo?

Segunda Parte

RECUPERACIÓN ACADÉMICA, GRAMATICAL Y LITERARIA

Quinta Lección

Importancia del lenguaje y
morfología del Español

I. EL LUGAR DE LA MORFOLOGÍA EN LA GRAMÁTICA ESPAÑOLA

A. Cambio de nombre de esta parte de la gramática

En libros y manuales del lenguaje castellano, publicados en épocas pasadas, la primera parte de la gramática se conocía con el nombre de "analogía". No fue sino hasta en estas últimas décadas que, con sobrada razón, los expertos en nuestro idioma optaron por llamarla "morfología". Esta palabra viene de los vocablos griegos *morfé*, (forma) y *logos* (estudio). La morfología se ocupa del estudio analítico de las palabras, su lugar y uso en la oración gramatical y los derivados y las composiciones de los distintos elementos del lenguaje.

B. Razón e importancia de estas notas sobre el lenguaje

Cuando éramos niños tuvimos que ir a la escuela voluntariamente o bajo la presión de quienes cuidaban de nosotros a fin de que se nos instruyera en los distintos campos del saber humano. Uno de los primeros aspectos de nuestra educación fue el estudio del idioma o lenguaje que se habla en el país en que nacimos. Allí aprendimos que existen tres tipos de lenguaje: el oral, el escrito y el mímico. El lenguaje es una de las cualidades especiales con las que Dios el Creador distinguió a los humanos de los animales. El lenguaje es el medio básico de la comunicación y las relaciones entre los humanos, de ahí que debamos cultivarlo con diligencia. El lenguaje es el instrumento indispensable para el aprendizaje y el desarrollo del pensamiento, pues las ideas están encapsuladas en las palabras, con las cuales también las almacenamos.

II. DESCRIPCIÓN ANALÍTICA DE LAS NUEVE PARTES DE LA ORACIÓN

El análisis de la lectura consiste en reconocer aisladamente cada uno de los elementos o palabras que constituyen cada oración y cada párrafo del texto que se lee. Como se indicó ya, la parte de la gramática que se ocupa de este proceso se conoce como "morfología". Esa parte del idioma divide las palabras en nueve grupos, llamados partes de la oración, a saber: artículo, sustantivo, adjetivo, pronombre, verbo, adverbio, preposición, conjunción e interjección. De estas nueve partes, las cinco primeras son variables porque admiten alteraciones, y las cuatro restantes son invariables porque no sufren alteraciones.

A. Artículo

El artículo es una parte variable de la oración que se antepone al nombre o a cuanto haga las veces de este. Es variable porque permite cambios de género y número. Los artículos se dividen entre determinados e indeterminados. Los determinados son cinco: *el, los, la, las* y *lo*. Los indeterminados son cuatro: *uno, unos, una, unas*. [18]

B. Sustantivo

Nombre sustantivo es toda palabra que sirve para designar las personas, animales y cosas.

1. Por su extensión los sustantivos se dividen entre comunes y propios. Los comunes son generales, apelativos o genéricos, y designan a todos los seres o las cosas de una misma clase, como, *hombres, perros, árboles*. Los sustantivos propios se dan a las personas, ciudades o divinidades. Los sustantivos comunes pueden ser colectivos, como, *ejército, rebaño, librería*; individuales, como, *soldado, oveja o libro*; como, *doble, cuarteto, docena*.

2. Por su composición los sustantivos se dividen en simples, como, *agua, pluma*; compuestos, como, *paraguas, cortaplumas*. Pueden ser frases, como, *el reino de los cielos o Don Quijote de la Mancha*; u oraciones, como, *el que todo lo puede, o los que temen a Dios*.

3. Por su origen, los sustantivos pueden ser primitivos, como tinta y libro, o derivados, como tintero o librero. Pueden ser también nominales, adjetivales, verbales, aumentativos, diminutivos, despectivos, gentilicios y patronímicos.

4. Por su género. El primero de los accidentes de los sustantivos es el género o sexo, que bien pueden ser masculinos, como, *hombre,*

18 Emilio Marín, Gramática Española, México D. F: Editorial Progreso, S. A., 1970). p. 5. (Gran parte del contenido de este capítulo es una adaptación del material de esta obra, en comparación con otros manuales del leguaje castellano.

gato, sobrino; femeninos, como, *mujer, gata, sobrina*; y neutros, como, *lo blanco, lo bello, lo correcto*. Son de género común *el mártir, la mártir, el testigo, la testigo*; y de género ambiguo, *mar, dote*, etcétera. Son bigéneros como, *corte, orden, capital*, etcétera.

5. Por su número. El número es otro de los accidentes de los sustantivos para indicar su singularidad, como, *niño*, o su pluralidad, como, *niños*. Algunos carecen de plural, como, *la inmortalidad, lo bueno*; y otros carecen de singular, como, *víveres, atlas, crisis*, etcétera.

6. Por su caso. El caso es otro accidente de los nombres sustantivos, el cual expresa las diferentes funciones que estos desempeñan en la oración. Los casos son seis: (a) El nominativo indica el sujeto, agente o paciente, del significado del verbo y el predicado nominal. Los nombres usados en caso nominativo no llevan preposición. Ejemplos: *El hombre trabaja, Dios es amor, La niña canta*. (b) El genitivo denota posesión, cualidad o materia y va precedido de la preposición de. Ejemplos: c*arro de Antonio, hombre de palabra, tiempo de lluvia*. (c) El dativo funge como complemento indirecto e indica la persona o cosa que recibe los efectos de la acción del verbo. Los nombres en caso dativo van precedidos de las preposiciones "a" o "para". Ejemplos: *Escribo a mi hermano. Trabajo para Juan*. (d) El acusativo funge como complemento directo e indica la persona o cosa que recibe los efectos de la acción del verbo. Puede ir precedido de la preposición a. Ejemplos: *Estudio Español. Canto salmos. Sirvo a Dios*. (e) El vocativo se usa para clamar o llamar a alguien. No lleva preposición. Ejemplos: *¡Dios mío! Por favor, vengan. Clamen ustedes*. (f) El ablativo se usa como complemento circunstancial y designa lugar, tiempo, materia o medio. Puede ir precedido de todas las preposiciones. Ejemplos: *Queda a diez kilómetros. Pronto vendrá el Señor. Juego con mis amigos. Trabajo con mis manos*.

7. Por su persona. La persona es un accidente gramatical de los nombres sustantivos y revela al que realiza la acción del verbo. Ejemplos: (a) primera persona: *Trabajo poco*; (b) segunda persona: *Ustedes sean fieles*; (c) tercera persona: *Ellos saben mucho*.

C. El Adjetivo

El nombre adjetivo es una parte variable de la oración que modifica al sustantivo, calificándolo o determinándolo. Esto significa que hay adjetivos calificativos y adjetivos determinativos.

1. Los adjetivos calificativos sirven para designar alguna cualidad del sustantivo, calificándolo como, *blanco, alto, bueno, fuerte, etcétera*. El adjetivo calificativo se puede dividir de acuerdo con su origen, composición, terminación y apreciación. (a) Por su origen, el adjetivo calificativo puede ser primitivo, como, *blanco, alto*; y derivado como, *blanquecino y altura*. El adjetivo derivado también puede ser *nominal, verbal y gentilicio*, según provenga de un *nombre*, de un *verbo*, o de *pueblo*. (b) Por su composición o estructura, el adjetivo calificativo se divide en adjetivo simple, como, *agrio, dulce*; adjetivo compuesto, como, *agridulce, verdinegro*; adjetivo frase, como, *David, el pastorcillo de Belén*, el que mató a Goliat; adjetivo oración, como, *el alumno que estudia*, saca buenas notas. (c) Por su terminación puede ser de una terminación, como, *amable*; o de dos terminaciones, como *bueno, buena*. (d) Por su apreciación puede ser positivo, comparativo, superlativo, como, *bueno, más bueno, mejor*.

2. Los adjetivos determinativos tienen el propósito de establecer la extensión de los nombres sustantivos. Hay cuatro clases de adjetivos determinativos: posesivos, demostrativos, numerales e indefinidos. (a) Se llaman posesivos los adjetivos demostrativos que determinan el significado del nombre denotando posesión o pertenencia, como, *mi casa, tu libro*. Los adjetivos posesivos pueden ser de un poseedor, como, *mío, tuyo, suyo*; o de varios poseedores, como, *nuestro, vuestro, suyo*. Pueden ser también masculinos y femeninos, como, *mío, mías, nuestros, nuestras*. (b) Los adjetivos determinativos pueden ser demostrativos cuando determinan el lugar del nombre, como, *este, ese, aquel, esta, esa, aquella*, dependiendo de cuán cerca o lejos del nombre esté el que habla. También son de este tipo los adjetivos *tal, tanto, semejante, etcétera*. (c) Los adjetivos determinativos pueden ser numerales, cuando indican el número del nombre que determinan, como, *ochenta* ovejas, *mil* dólares, *tercera* lección; y ordinales cuando expresan el orden de las cosas, como *primero, segundo, undécimo, décimo octavo*. (d) Los numerales pueden ser proporcionales, como, doble porción, *triple* alianza, dúo, cuarteto. (e) Los numerales pueden ser también partitivos, como, *cuarta* parte, *media* página, un *octavo*.

D. Pronombre

El pronombre es la parte variable de la oración que designa una persona o cosa sin nombrarla, y a la vez denota las personas gramaticales de la misma. Los pronombres se dividen en *personales, posesivos, interrogativos, demostrativos, relativos e indefinidos*.

1. Pronombres personales son los que designan las personas gramaticales, poniéndose en lugar de nombres de personas o cosas personificadas. Las personas gramaticales son tres: la que habla, llamada *primera* como, *yo estudio*; aquella a quien se habla, llamada *segunda*, como, *tú estudias*; y aquella de quien se habla, llamada *tercera*, como, *el estudia*.

2. Pronombres posesivos son los que además de designar la persona gramatical, la indican como poseedora y recuerdan al poseedor y a la persona o cosa poseída, como, el *tuyo*, la *nuestra*, los *suyos*.

3. Pronombres interrogativos son los que sirven para preguntar, *¿Quién? ¿Qué? ¿Cuál? ¿Cúyo? ¿Cuánto?* en la oración gramatical.

4. Pronombres demostrativos son los que se usan en la oración gramatical para mostrar uno o varios objetos entre todos los de su clase, dando a entender a la vez lo cerca o lejos que esté de la persona que habla o de la que se habla, como, *este, ese, aquel, esta, esa, aquella, esto, eso, aquello, estos, esos, aquellos, estas, esas, aquellas*.

5. Pronombres relativos son los que se usan para hacer referencia a una persona o cosa ya citada, la cual se conoce como *antecedente*. Los pronombres relativos son, *que, cual, quien, cuyo, cuanto*. Ejemplos: Perro *que* ladra. El libro *que* leía. El hombre *de quien* se hablaba. El niño *cuya* madre vocifera.

6. Pronombres indefinidos son los que designan de un modo vago o general las personas o cosas a que se refieren. Los pronombres indefinidos son, *alguien, nadie, quienquiera y cualquiera*.

E. Verbo

El verbo es una parte variable de la oración que expresa acción, indicando casi siempre el tiempo y la persona en que el mismo se conjuga. Por ejemplo, en la oración, *el músico toca el piano*, la palabra *toca*, derivada del verbo *tocar*, es la que expresa la acción e indica que esta es ejecutada por alguien de la tercera persona, número singular, en el tiempo presente. En cambio en, *los niños nadaron en la piscina*, la acción está en el verbo *nadar*, conjugado en tercera persona, número plural, tiempo pasado.

Significados del verbo

1. Por su significado, el verbo puede ser *copulativo* o *predicativo*. Copulativo es el verbo que sirve de cópula o unión entre el sujeto y el predicado en la oración gramatical. Por ejemplo, en la oración *Dios es amor*, la cópula o unión la efectúa el ver *ser*, conjugado en tercera persona, singular, tiempo presente (*es*). Predicativo es el verbo que conlleva la idea de un predicado, ya sea de cualidad o atributo; por ejemplo: Pedro *canta*, el niño *duerme, tú lees*. La oración gramatical se compone de dos partes: el sujeto y el predicado. Sujeto es la persona o cosa de la cual se dice algo. Predicado es lo que se dice acerca de dicha persona o cosa. Tanto el sujeto como el predicado pueden ser simples o compuestos. El sujeto es simple si la acción es realizada por una sola persona como **Juan** subió al templo; es compuesto si los ejecutores de la acción son varios, como, *Juan y Pedro* subieron al templo. El predicado es simple cuando la acción que realiza el sujeto es una sola, como, Juan *camina*; es compuesto cuando las acciones son varias, como, Juan *camina y canta*.

2. Por su significado el verbo predicativo se divide en *transitivo, intransitivo, reflexivo* y *recíproco*.

3. Verbo transitivo es aquel cuya acción recae en una persona o cosa, expresa o tácita. Ejemplos: *Amo* a mi prójimo. El pueblo *celebra* una fiesta. La persona o cosa en que recae la acción del verbo transitivo se llama *complemento directo* o receptor de la acción del sujeto. El verbo transitivo también admite el complemento *indirecto*, en caso dativo, y complemento *circunstancial* en caso ablativo que expresa alguna circunstancia, como una referencia a lugar, tiempo, etcétera. Se dice que un verbo es transitivo cuando se puede preguntar quién o cuál es el objeto de la acción del verbo. Por ejemplo, en la oración, *los niños comen* se puede preguntar, ¿qué comen?

4. Verbo intransitivo es todo aquel cuya acción se completa en sí mismo, sin pasar a un complemento directo. Son intransitivos los verbos, *nacer, morir, andar, existir, estar*.

5. Verbo reflexivo es todo aquel cuya acción recae en el mismo sujeto que la ejecuta, y se conjuga con los pronombres: *me, te, se, nos* y *os*, Ejemplos: *Yo me lavo; tú te cuidas; el acusado se defiende; no os afanéis; yo me retiro*.

6. Recíproco es el verbo transitivo que expresa una acción ejecu-

tada mutuamente entre dos sujetos y se conjugan con los pronombres *nos, os* y *se*. Ejemplos: *Tú y yo nos amamos; Pedro y Juan se ayudan; los amigos se tutean.*

Accidentes del verbo

Los cinco accidentes gramaticales del verbo expresados en la conjugación, son: *voz, modo, tiempo, número y persona.*

1. Las voces del verbo son dos: *activa* y *pasiva.* La voz es el accidente que indica si la acción del verbo es producida o recibida por el sujeto. En el primer caso se llama *voz activa,* como en la oración *yo amo*; en el segundo caso se llama *voz pasiva,* como en la oración *yo soy amado.*

2. Los *modos* del verbo son cinco: *infinitivo, indicativo, potencial, subjuntivo* e *imperativo.* Los modos son las distintas maneras de expresar el significado del verbo en una oración.

a. El modo *infinitivo* denota el significado del verbo sin indicar tiempo, número ni persona. Las conjugaciones de los modos infinitivos son tres, igual que el número de terminaciones: Los de la primera conjugación son los terminados en *ar,* como *amar, cantar, llorar,* etcétera. Los de la segunda conjugación son los terminados en *er,* como *correr, temer, barrer,* etcétera. e *ir,* como en los verbos *reir, salir, decir,* etcétera. El infinitivo incluye los nombres verbales como, el infinitivo *amar,* el participio como un adjetivo, *amante* o *amado* y el gerundio como un adverbio, *amando, comiendo, saliendo.*

b. El modo *indicativo* expresa de una manera absoluta e independiente una acción real. Ejemplos: *Yo estoy contento. Juan está en casa. Pedro fue a pescar.*

c. El modo *potencial* expresa la acción de un verbo, no como real sino como posible. Ejemplos: *Yo estaría contento. Juan estaría en casa. Pedro iría a pescar.*

d. El modo *imperativo* se refiere a la acción del verbo como una orden, un mandamiento o un ruego. Ejemplos: *A ti te digo: levántate. Hazlo tú. Señor, socórrenos.*

e El modo subjuntivo expresa el significado de un verbo como una acción subordinada a la de otro verbo, indicando deseo o temor. Ejemplos: *Quiero que cantes. Deseo que lo hagas. Temo que venga.*

3. Los *tiempos* son las formas que toma el verbo para indicar el momento en que se realiza la acción del mismo. Por su estructura, los tiempos se dividen en *simples* y *compuestos*. Los tiempos simples expresan el significado del verbo con una sola palabra, como, *amo* a mis hermanos. Los compuestos se expresan con dos o más palabras, como, *he amado* la justicia; yo no lo *había entendido*. Los tiempos verbales son tres: *presente, pretérito* y *futuro*. El presente es indivisible, pero el pasado y el futuro pueden estar más lejos o más cerca del presente. De ahí que se dividan en *antepresente, antepretérito* y antefuturo.

4. Los *números* del verbo son accidentes gramaticales que sirven para indicar la unidad o pluralidad del sujeto en la oración. En el verbo, igual que en el nombre, los números son dos: *singular* y *plural*.

5. La persona es el accidente gramatical que especifica el sujeto de la acción o estado que el verbo expresa. Las *personas* del verbo son tres, las mismas del pronombre personal: *primera, segunda* y *tercera*. El verbo es de primera, segunda o tercera persona, dependiendo de la persona del sujeto.

F. Adverbio

El adverbio es una parte variable de la oración que sirve para calificar o determinar el significado del verbo o del adjetivo, y a veces la de otro adverbio en la oración. Ejemplos: En la oración, cantar *bien*, el adverbio *bien* califica al verbo *cantar*. En *altamente* peligroso, el adverbio *altamente* califica al adjetivo *peligroso*. En *bastante pronto*, el adverbio *bastante* califica al adverbio *pronto*. De ahí que se diga que los adverbios son los adjetivos de los verbos. Los adverbios pueden ser *calificativos* y *determinativos*. Los calificativos califican al verbo o al adjetivo, así como estos califican al nombre. Ejemplos: cantar *bien*; caminar *rápido*. Los determinativos determinan al verbo o al adjetivo, así como estos determinan al nombre. Ejemplos: gozamos *mucho*; *mucha* hermosura.

G. Preposición

Las preposiciones son pequeñas palabras o partículas de palabras que no tienen valor significativo por sí solas en la oración gramatical. Las preposiciones sirven para enlazar dos palabras o para complementar otras. La conexión que existe entre la preposición y el vocablo que ella complementa es tan estrecha que casi siempre se ven como una sola palabra. Hay dos clases de preposiciones: *propias* e *impropias*.

1. Las propias o separables se usan para formar palabras compuestas, ya sean separadas o unidas a los vocablos que acompañan. Ejemplos: Viajo *a* Centro América. Vivo *en* el campo. Estudio *con* mis amigos. Me encuentro *entre* conocidos. Otras preposiciones separables son: *a, ante, bajo, sobre, con, según, tras, contra, de, desde, en, entre, hacia, hasta, para, por, sin, so.*

2. Las impropias o inseparables son de origen latino y van siempre unidas a los vocablos que acompañan para su composición. Ejemplos: Documento adjunto; es incapaz; se expone; es un subteniente; es superfina. Otras preposiciones inseparables son: *trans, des, per, in, inter, ex.*

H. Conjunción

Se llama conjunción a la parte invariable de la oración gramatical que une dos oraciones entre sí, o dos palabras de la misma naturaleza. Además desempeña la función de indicar la relación que existe entre dichas oraciones o palabras. Ejemplos: No viajaron *porque* los dejó el avión. Mi hermano y yo somos diferentes. Existen también frases conjuntivas, compuestas de varias palabras, las cuales pueden servir para unir, o separar y diferenciar dos vocablos u oraciones. Ejemplos: Esto lo hago, con *el fin de* ayudarlos. Me gustaría viajar, *no obstante*, debo dar más tiempo.

Existen varias clases de conjunciones, según lo que ellas signifiquen: (1) Las *copulativas* sirven para unir o desunir dos oraciones o palabras, como, *y, e, ni, que.* (2) Las *disyuntivas* tienen como objeto separar y diferenciar palabras u oraciones, y son, *o, u, ya, bien, sea que, ora.* (3) Las conjunciones adversativas indican lo contrario u opuesto entre dos palabras u oraciones, y son las siguientes, *más, pero, empero, sino, sin embargo, no obstante, aunque, al contrario, antes bien, a pesar de, siquiera.* (4) La ilativas o consecutivas tienen el fin de indicar ilación o consecuencia entre una oración y lo que sigue, como, *con que, luego, pues, por consiguiente, así que, por lo tanto, ahora bien.* (5) Las condicionales son conjunciones que expresan alguna condición o requisito para que se dé la acción, como, *si, con tal que, siempre que, dado que, ya que, en caso que.*

I. Interjección

Se le da el nombre de interjección a toda expresión pronunciada repentina e impremeditadamente para dar a conocer admiración, sorpresa, susto o sobresalto. En la actualidad, muchos expertos en la lengua española ya no la toman como una parte de la oración, sino como una oración en sí, pues no necesita acompañarse de ninguna otra expresión. La interjección siempre se escribe entre dos signos de admiración. Ejemplos: *¡Ay!* que significa o da la idea de un dolor. *¡Oh!* que denota sorpresa o admiración. *¡Hola!* que equivale a un saludo o denota reconocimiento. Otras interjecciones son, por ejemplo, *¡Ah!*, *¡Ea!*, *¡Eh!*, *¡Caramba!*, *¡Ojalá!*, *¡Huy!*, *¡Ja ja!*, *¡Ya!*

Las interjecciones se dividen entre *propias* e *impropias*. (1) Las interjecciones *propias* lo son de por sí; nunca significa nada más, como las citadas anteriormente. (2) Las impropias se llaman así porque son palabras con su propio sentido, pero que se usan como interjecciones o expresiones de mando, sorpresa, admiración, susto o miedo, como, *¡Fuego!*, *¡Silencio!*, *¡Ánimo!*, *¡Abajo!*, *¡Arriba!*, *¡Fuera!*, *¡Cuidado!*, *¡Adiós!*, *¡Ay de mí!*, *¡Bravo!*

Cuestionario de repaso
Quinta Lección

1. ¿Qué nombre se le daba antes a lo que se conoce hoy como "morfología"?

2. ¿De cuáles términos griegos viene la palabra "morfología"?

3. ¿De qué se ocupa la morfología?

4. Anote los nombres de los nueve grupos, llamados "partes de la oración" en que la morfología divide las palabras.

5. ¿Por qué las primeras cinco partes de la división de las palabras según la morfología son variables y las que restan no?

6. ¿Qué es el artículo?

7. ¿Cuáles son los artículos determinados?

8. ¿Cuáles son los artículos indeterminados?

9. ¿Qué es el nombre sustantivo?

_____

10. ¿Cuál es la diferencia entre sustantivos propios y comunes?

_____

_____

11. Por su origen los sustantivos pueden ser primitivos y derivados. Anote cuatro primitivos y sus derivados.

_____

_____

_____

12. Por su número los sustantivos pueden ser singulares y plurales. Anote cuatro singulares y sus respectivos plurales.

_____

_____

_____

13. Enumere los seis casos de los nombres sustantivos y describa lo que cada uno de ellos indica.

_____

_____

_____

_____

_____

14. ¿Qué revela la persona como un accidente gramatical de los nombres sustantivos?

_____

_____

15. ¿Qué es el nombre adjetivo?

16. ¿Para qué sirven los adjetivos calificativos?

17. ¿Cómo se dividen los adjetivos calificativos?
    a. Por su origen
    b. Por su composición
    c. Por su terminación
    d. Por su apreciación

18. ¿Cuál es el propósito de los adjetivos determinativos?

19. Describa brevemente las cinco clases de adjetivos determinativos:
    a. Posesivos

    b. Demostrativos

    c. Numerales

    d. Numerales proporcionales

    e. Numerales partitivos

20. ¿Qué designa el pronombre?

21. Mencione los tres pronombres personales.

22. ¿Cuáles son los pronombres posesivos?

23. Mencione los cinco pronombres interrogativos.

24. Anote los quince pronombres demostrativos.

25. Mencione algunos ejemplos de los pronombres relativos.

26. Mencione los pronombres indefinidos.

27. Anote aquí una definición del "verbo" como parte de la oración.

28. Se dice que por su significado el verbo puede ser "copulativo" o "predicativo".
   Dé un ejemplo de un verbo copulativo.

   Dé un ejemplo de un verbo predicativo.

29. La oración gramatical se compone de dos partes. Diga cuáles son, y dé dos o tres ejemplos.

30. ¿En cuántas partes se divide el verbo "predicativo" por su significado? Anote las divisiones.

_____
_____
_____

31. ¿Qué es el verbo transitivo? ¿Por qué se llama así?

_____
_____

32. ¿En quién recae la acción del verbo intransitivo?

_____

33. ¿Dónde recae la acción del verbo reflexivo?

_____

34. ¿Qué es el verbo reflexivo y sobre quién recae su acción?

_____

35. Enumere los cinco accidentes gramaticales del verbo, expresados en la conjugación.

_____

36. ¿Cuáles son las dos voces del verbo?

_____

37. Mencione los cinco modos del verbo.

_____
_____
_____

38. Mencione las tres conjugaciones del verbo en modo infinitivo. Dé ejemplos.

ar:_____
er:_____
ir:_____

39. Escriba una oración en modo indicativo.

_____

40. Escriba una oración en modo potencial.

41. Escriba una oración en modo imperativo.

42. Escriba una oración en modo subjuntivo.

43. ¿Cuáles son los tiempos verbales de la oración?

44. Explique y dé ejemplos de los "tiempos simples".

45. Explique y dé ejemplos de los "tiempos compuestos".

46. Mencione los tres tiempos verbales y explique cuál es indivisible y cuáles se dividen en tres grupos. ¿Cuáles son?

47. ¿Qué son los "números" como accidentes gramaticales del verbo? ¿Cuáles son?

48. ¿Qué es la "persona" como accidente gramatical del verbo? Mencione las tres personas, singulares y plurales.

49. ¿Qué es el adverbio?

50. ¿Qué son las preposiciones?

51. Defina y enumere las dos clases de preposiciones.

    a. Las propias o separables:

_____

    b. Las impropias o inseparables:

_____

52. ¿A qué se le da el nombre de conjunción?

_____

53. Mencione las cinco clases de conjunciones que hay, y cite ejemplos de las mismas.

_____

_____

_____

_____

_____

54. ¿A qué se le da el nombre de interjección?

_____

_____

_____

55. Explique por qué en la actualidad muchos expertos en la lengua española ya no toman la interjección como una parte de la oración. ¿Cómo la toman? ¿por qué?

_____

_____

_____

56. Mencione y dé ejemplos de las dos clases de interjecciones que existen.

_____

_____

Sexta Lección

Reglas de sintaxis y organización de las oraciones

I. LA SINTAXIS NOS AYUDA A ORGANIZAR EL LENGUAJE

La palabra "sintaxis" viene de dos términos griegos que significa organización, construcción y orden. Enseña el modelo de enlazar unas palabras con otras para formar la oración gramatical, y también las oraciones entre sí para formar la oración compuesta y el párrafo. La analogía nos da los elementos sueltos del lenguaje, así como se reúnen los materiales para una construcción: la madera, los ladrillos, el hierro, el cemento y demás recursos para la construcción de un edificio.

El habla se forma con todos los recursos de la analogía, pero no consiste de ellos, sino de su organización. De esta trabazón, de la arquitectura de una expresión cualquiera es de lo que se ocupa la sintaxis. El objetivo de la Sintaxis es, pues, el estudio de la oración gramatical, y según que sea esta simple o compuesta, se divide en *Sintaxis de la oración simple y Sintaxis de la oración compuesta*.

Los elementos esenciales de la oración gramatical son dos, el vocablo con que se designa el ser (persona, animal o cosa) de la que se afirma algo, y que en lenguaje gramatical se llama *sujeto*, y el que expresa la cosa afirmada, que se llama *predicado*.

II. EL SUJETO ES EL NOMBRE O SUSTANTIVO DEL CUAL SE HABLA

A. Pueden desempeñar el oficio de sujeto:

1. Un nombre sustantivo, siempre en tercera persona y con artículo o sin él: *Juan llora; la madre cuida de los hijos; el monte está cubierto de nieve.*

2. Un pronombre en cualquier persona y siempre sin artículo: *yo como*"; *tú lees; el estudia; este llora; aquel estudia; aquel canta; alguien llama.*

3. Toda palabra, locución u oración completa que venga sustantivada por el artículo o por un demostrativo, o se emplee, sin ellos, con valor sustantivo: *El estudioso aprende*; *las otras* lo dijeron; *el mío* es este; *el estudiar* es provechoso; me daba *un no* sé qué de contento; tantas letras tiene *un no* como *un sí*; ese pero me disgusta; *el de la boina* te lo dirá; *la del domingo* no fue buena; *cerca de trescientos* llegaron hoy; será mejor *que nos marchemos luego.*

B. En algunos casos se puede omitir el sujeto:

1. Cuando es un pronombre personal y no se pretende que resalte, por ir incluido en el verbo: Amas, en vez de *tú* amas; no quiero, en vez de *yo* no quiero. Al revés cuando hay razón para que resalte: *Tú* lo has dicho *yo* lo he visto; *vosotros* habéis sido.

2. En los verbos unipersonales y en los que usamos como impersonales: *llueve; amanece; cantan; aseguran.*

III. EL PREDICADO ES LO QUE SE DICE DEL SUJETO EN LA ORACIÓN

El predicado o elemento de la oración que enuncia algo del sujeto, puede ser un verbo atributivo o un nombre sustantivo o adjetivo: en el primer caso se llama *verbal*; en el segundo, *nominal.*

El verbo se omite siempre que está claro en la oración anterior, por no repetir en vano ningún término. Es lo ordinario en toda oración compuesta; por ejemplo: *Ahora no hay que dudar, sino que este arte y ejercicio excede a todas aquellas. Mi nombre es Cardenio, mi patria una ciudad..., mi linaje noble, mis padres ricos, mi desventura mucha.*

El verbo *ser* fue en su origen tan concreto y adjetivo como los demás verbos con la acepción de *existir*; hoy día su significación ha quedado casi reducida a la de mera cópula o lazo de unión entre el predicado nominal y su sujeto. Lo mismo ha sucedido con el verbo *estar*, cuyo significado primitivo era *colocar, hallarse o estar de pie*, y hoy lo usamos como verbo neutro con la significación de *hallarse o existir de cualquier manera*, necesitando de un vocablo que junto con él designe la manera de hallarse o existir, es decir, el *predicado* que atribuimos al sujeto.

Los verbos andar, andarse, ir, hallarse, verse, venir a ser, quedar, llegar y otros muchos intransitivos se construyen como estar con un adjetivo predicativo y significan lo mismo aunque con diversos matices; por ejemplo: *Juan anda descalzo: todo va viento en popa; Andrés llegó el último; poco antes se hallaba enfermo; el profesor quedó admirado de tu talento; la maleta venía cerrada con una cadena.*

El verbo ser, cuando es copulativo, sólo sirve para indicar el tiempo en que el predicado nominal conviene al sujeto, y suele omitirse:

1. En las sentencias y proverbios; por ejemplo: *Tal padre, tal hijo; año de nieves, año de bienes; el mejor camino, el recto.*

2. En las oraciones interrogativas cuyo sujeto es quién, y en las exclamativas; por ejemplo: *¿Quién como Dios? ¡Qué locura salir de casa con este tiempo!*

III. LOS COMPLEMENTOS DEL NOMBRE O SUJETO

Los elementos esenciales de la oración –*sujeto y predicado, o sea sustantivo y verbo*, que son los que desempeñan la función de tales –bastan para constituir una oración; por ejemplo: *Luis estudia.* Pero si queremos determinar y dar a entender mejor quién es Luis, y qué estudia, dónde, etc., necesitamos de otros vocablos que vengan a precisar la expresión del sujeto y la del predicado; por ejemplo: *Mi primo Luis, el de Madrid, estudia la gramática en su casa.*

Estos vocablos se llaman complementos, y pueden referirse ya al sujeto sólo, ya el predicado sólo, ya a los dos a la vez. En el primer caso reciben el nombre de complementos del sujeto; en el segundo, *complementos del predicado verbal; y en el tercero, predicados de complemento.*

Los complementos del nombre pueden ser *explicativos* y *especificativos.* Complemento *explicativo* es el que explica el concepto expresado por el nombre, y puede suprimirse sin perder la oración su sentido; por ejemplo: *Madrid, capital de España, tiene hermosos edificios; la santa religión dulcifica todos los males.* Complemento *especificativo* es el que precisa o especifica el sentido del nombre, limitando la extensión de su significación; por ejemplo: *Fernando el Santo; el hombre avaro es desgraciado; la pérdida del tiempo es irreparable; esta casa es de mi amigo.*

El adjetivo, complemento del sustantivo, puede llevar a la vez otro complemento de sí propio. Este complemento del adjetivo puede ser: (a) Un nombre, pronombre o un infinitivo con preposición; por ejemplo: *dócil a los avisos, oriundo de Cataluña, disculpable entre amigos, fiel hasta la muerte; generoso con él, útil para vosotros, relativo a eso; harto de esperar, ágil para correr, contento con ayudar.* (b) Un adverbio o modo adverbial; por ejemplo: *feo de cerca, bueno para hoy.*

Construcción directa o descendente es aquella en la cual los vocablos se ordenan en la oración de manera que cada uno venga a determinar al que le precede. Este orden se llama sintaxis regular, en oposición a la sintaxis figurada, en que aquel no se observa. El Español tiene construcción descendente. En las lenguas de *construcción inversa o ascendente*, las palabras se colocan en orden diametralmente opuesto al nuestro. La índole de la sintaxis española requiere que los *complementos* vayan detrás del nombre cuya significación completan; pero este orden no se sigue siempre.

Los artículos y adjetivos cardinales preceden siempre al sustantivo, y si este lleva antepuesto otro adjetivo, aquellos preceden a ambos; por ejemplo: *El niño, el pobre niño; una niña, una prudente niña; tres libros, tres preciosos libro*s.

Los adjetivos *indefinidos* preceden casi siempre al sustantivo; pero los demás adjetivos *determinativos* y los calificativos, tomados en sentido recto, pueden anteponérsele o posponérsele; por ejemplo: Todos los hombres, muchos niños, *cierta* gente. Los libros *míos o mis* libros; este libro o el libro este; lámina *preciosa o preciosa* lámina.

El epíteto suele preceder al nombre; el adjetivo especificativo suele seguirlo, y queda más de relieve. Pero esta regla no siempre se observa, sobre todo en poesía, donde es frecuente poner delante del nombre los genitivos y especificativos que a él se refieren; por ejemplo: *El fiero león, la blanca nieve, las negras sombras de la muerte. –lengua viperina, negocio forzoso, dulce y no aprendido canto. Suntuosos* edificios, *fresco río y apacibles* calles. Esta inversión del orden en la colocación de las palabras se llama *hipérbaton.*

Los complementos del adjetivo se colocan detrás de él en la sintaxis regular; en la figurada pueden ir delante, pero la preposición va siempre con el complemento; por ejemplo: *Luis es dócil a los consejos de su padre, o A los consejos de su padre es dócil Luis, o Luis, a los consejos de su padre, es dócil.*

IV. COMPLEMENTOS DEL VERBO O PREDICADO (PRIMERA PARTE)

1. Palabras que pueden desempeñar el oficio de complementos del verbo: (a) Un adjetivo usado como predicado de complemento o como adverbio; por ejemplo: *Antonio nació rico; Juan venía impaciente. Luis ve claro.* (b) Un adverbio o modo adverbial; por ejemplo: *Estoy bien; anoche murió; Luis vive lejos.* (c) Un nombre o pronombre, con preposición o sin ella; por ejemplo: *Vengo de Burgos; tengo libros; deseaba pan.* (d) Otro verbo en infinitivo o en gerundio, con preposición o sin ella; por ejemplo: *Estudio para saber; sales a pasear; quiero trabajar; estábamos comiendo.* (e) Una oración entera; por ejemplo: *Deseo que vivas tranquilo; quiero que estudies la gramática.*

2. Los complementos del verbo pueden ser directos, indirectos y circunstanciales. (a) Complemento directo: es el vocablo que precisa la significación del verbo transitivo, denotando el objeto (persona, animal o cosa) en que recae la acción expresada por aquel. (b) Complemento indirecto: es el vocablo que expresa la persona, animal o cosa en quien se cumple la acción del verbo transitivo ejercida ya sobre el acusativo, o a quien se refiere la acción del verbo intransitivo, en el concepto general de daño o provecho. (c) Complemento circunstancial: es el vocablo, modo adverbial o frase que modifica la significación del verbo, denotando una circunstancia de lugar, tiempo, modo, materia, precio, etcétera. Únicamente los verbos transitivos o usados como tales pueden llevar los tres complementos; los intransitivos y neutros no pueden tener el directo pero sí el indirecto y el circunstancial.

3. El procedimiento más sencillo y práctico para distinguir en castellano si una palabra es complemento directo o indirecto, consiste en invertir la construcción de la oración, poniendo el verbo en pasiva, y como sujeto la palabra que dudamos si es o no complemento directo; por ejemplo: *En Luis dio una peseta a su hermano, podemos decir: una peseta fue dada por Luis a su hermano; pero no su hermano fue dado una peseta por Luis.*

4. El complemento indirecto pude ir con los verbos transitivos, intransitivos y neutros, y lleva siempre la preposición a o para, excepto cuando sea un pronombre átono; por ejemplo: *Doy pan a los pobres: no quiero abrir al juez; gusta a todos; te venían como anillo al dedo.*

5. La preposición *para*, cuando indica el complemento indirecto, lo hace bajo la relación de fin, o sea el destino que se da a una cosa o el fin que nos proponemos en una acción; por ejemplo: *Esta mesa es para mi padre; estudio para saber; trabajo para ti.*

V. COMPLEMENTOS DEL VERBO O SUJETO (SEGUNDA PARTE)

Las formas *me, te, se, le, la, lo, les, los* y *las* de los pronombres personales y la forma *se* del reflexivo no admiten preposición y son átonas. Cuando van delante del verbo se pronuncian como formando con él una sola palabra prosódica; *te quiere se pronuncia como si se escribiera tequiere; y cuando van detrás se adhieren a él en la escritura lo mismo que en la pronunciación: escríbeme.*

El pronombre *le*, como dativo, al juntarse con las formas de acusativo, *lo, la, los, las,* se ha convertido en *se*; así, en vez de *dálelo, le las darás*, decimos *dáselo, se las darás.* Para evitar la ambigüedad que ofrece en su construcción esta forma del pronombre personal, se suelen emplear las formas tónicas del mismo con preposición, diciendo: *Se lo dije a él o a ella, a ellos, a ellas*, según se trate de un masculino o femenino, en singular o plural.

No debe confundirse la forma *se* del pronombre personal sustituyendo a *le*, con el *se* reflexivo: aquel representa siempre un dativo sin distinción de género ni de número; *este*, con la misma indeterminación en cuanto al género y número, puede ser dativo o acusativo según el verbo con que se construya, y se refiere siempre al sujeto de la oración. En: *Luis se lava; Antonia se lava.*

En la construcción de los pronombres átonos han de observarse las reglas siguientes:

1. Con los tiempos simples del indicativo y potencial pueden ir siempre delante del verbo; por ejemplo: *Él te quiere (te quería, te quiso, te querrá, te querría) mucho; no me vendría mal; ¿no te dieron la carta? ¿Dónde la teníais? si las esperas te acompañarán.*

2. Con el imperativo, con el subjuntivo presente usado como imperativo, y con el pretérito se pospone el pronombre al verbo si este empieza la oración; por ejemplo: *Date prisa, hazme este favor, véngase con nosotros; dadle pan, quédense aquí; acordárase él...*

y trajérame lo que le pedí. Pero se antepone el pronombre al verbo si este lleva delante otra palabra cualquiera; por ejemplo: *Ojalá os concedan lo que pedís; no lo molestes; Dios te bendiga.*

3. Con los tiempos simples del subjuntivo no usado con valor de imperativo, también se antepone el pronombre al verbo; por ejemplo: *Quiero que me acompañes; deseo que te quedes; nunca creí que te dieran tan poco.*

4. Con las formas simples del infinitivo y gerundio se posponen los pronombres al verbo; por ejemplo: *No quiero leerlo, tomándole, creciéndole.*

5. En las formas verbales compuestas, los pronombres se anteponen al auxiliar en los modos personales y se posponen en el infinitivo; por ejemplo: *Me han pagado, y habiéndome pagado; te habíamos escrito, y habiéndote escrito; se lo he notificado, y habiéndoselo notificado.*

Los pronombres *nos* y *os* pospuestos al imperativo, le hacen perder la última letra; por ejemplo: *amémonos, respetaos, y no amémosnos, respetados*. Sólo en el verbo *ir* conservamos la *d* y decimos *idos*. Delante de *os* se pierde también las *s* de la primera persona de plural, y decimos: *prometémoos*; por *prometémosnos*, aunque en este caso es preferible decir *os prometemos*. Asimismo, delante de *se* debe suprimirse la *s* final de la primera y segunda personas de plural, y por eso decimos: *démoselo, ¿dijísteiselo?, y no démosselo, ¿dijísteisselo?*

Se debe evitar la colocación del pronombre pospuesto al verbo cuando, al juntarse con él, origine cacofonías o combinaciones de sílabas ingratas al oído; por ejemplo: *encaraméme, acatéte, duélele, respétete, cantásese.*

Cuando un verbo tiene dos pronombres átonos por complementos, pueden ambos anteponerse o posponerse al verbo según las reglas dadas anteriormente; pero nunca debe anteponerse el uno y posponerse el otro. Así podemos decir, por ejemplo, *búscamelo o me lo buscas, pero no me búscalo.*

El complemento circunstancial puede denotar circunstancias muy variadas y venir indicado por un adverbio o locución adverbial, por el ablativo con cualquier preposición o sin ninguna, y por una oración entera.

En sintaxis regular los complementos verbales deben colocarse detrás del verbo, y en este orden: primero el complemento directo, luego el indirecto y, por fin, el circunstancial; por ejemplo: *Luis escribió una carta a su padre anteayer.*

Cuestionario de repaso
Sexta Lección

1. ¿De dónde viene la palabra sintaxis y qué significa?

_____

_____

2. ¿Cuál es el objetivo de la sintaxis?

_____

_____

3. ¿Cuáles son los dos elementos esenciales de la oración gramatical?

_____

_____

4. Mencione los tres elementos o vocablos que pueden desempeñar el oficio de sujeto en una oración gramatical.

_____

_____

_____

5. Describa los dos casos en que se puede omitir el sujeto de la oración gramatical.

_____

_____

6. ¿Qué es el predicado?

_____

7. ¿Cuándo se puede omitir el verbo?

_____

_____

8. ¿En cuáles dos tipos de oraciones se puede omitir el verbo "ser" cuando es copulativo?

_____

_____

9. En la oración "Luis estudia", ¿cuál es el sujeto y cuál es el predicado?

10. Agréguele un complemento al sujeto "Luis", y uno al predicado "estudia".

11. Explique qué son los *complementos del sujeto*.

12. Explique qué son los *complementos del predicado verbal*.

13. Explique qué son los *predicados de complemento*.

14. ¿Cuál es la diferencia entre complemento explicativo y complemento especificativo?

15. ¿Cuál es la construcción directa o descendente?

16. ¿Dónde se colocan los complementos del adjetivo en la oración?

17. Mencione las cinco clases de palabras que pueden desempeñar el oficio de complementos del verbo.

18. Los complementos del verbo pueden ser directos, indirectos y circunstanciales. Describa las tres clases de complementos del verbo.

19. ¿Qué procedimiento sencillo y claro se debe seguir para saber si una palabra es complemento directo o indirecto?

20. ¿Con qué verbos puede ir el complemento indirecto?

21. Mencione las cinco reglas que se deben observar con la construcción de los pronombres átonos.

Con los tiempos simples del indicativo:

Con el imperativo, el subjuntivo y el pretérito:

Con los tiempos simples del subjuntivo:

Con las formas simples del infinitivo:

En las formas verbales compuestas:

22. ¿Qué pasa con los pronombres *nos* y *os* cuando van pospuestos al imperativo?

23. ¿Cuándo se debe evitar la colocación del pronombre pospuesto al verbo?

24. ¿Qué sucede cuando un verbo tiene dos pronombres átonos por complementos?

25. ¿Qué puede denotar el complemento circunstancial?

26. ¿Dónde y en qué orden deben colocarse los complementos verbales en la sintaxis regular?

Séptima Lección

Reglas ortográficas
para escribir correctamente

I. IMPORTANCIA DE LA ORTOGRAFÍA

La ortografía enseña a usar correctamente las letras y demás signos auxiliares de la escritura. La ortografía está basada en tres principios: 1. En la *etimología* u origen de las palabras; 2. En la *pronunciación* de las letras, sílabas y palabras; y 3. En el *uso* que de las letras han hecho los que mejor han escrito. La ortografía se divide en tres partes: la primera trata del *uso* de las letras; la segunda, de los signos *ortográficos*, y la tercera, de los *signos de puntuación*.

II. PRIMERA PARTE DE LA ORTOGRAFÍA: SABER USAR LAS LETRAS CORRECTAMENTE

A. Palabras cuya primera letra ha de ser mayúscula:

1. La que inicia todo escrito, y la que sigue después de punto, interrogación o admiración. Cuando a la interrogación o a la admiración sigue una frase que es complemento de la pregunta o frase admirativa se inicia con letra minúscula; por ejemplo: *¿Has visto a tu padre?, preguntaba José.*

2. Todos los nombres propios, apellidos y apodos; por ejemplo: *Dios, la Virgen, Luis, Madrid, el Doctor Seráfico, el Manco de Lepanto, el Libertador.*

3. Los nombres que significan dignidad, poder o cargo importante de alguna persona; por ejemplo: *el Papa, el Rey, el Juez, el Gobernador, el Alcalde.*

4. Los nombres de corporaciones o establecimientos notables; como: *la Academia Española, la Suprema Corte.*

5. Los tratamientos, y, especialmente, sus abreviaturas; como: *Sr., D., V. M., Ud.*

101

6. En las cartas, después del Muy Sr. Mío, u otro encabezamiento, y después de los dos puntos que anuncian una citación; por ejemplo: *Querido hermano: Sirve la presente, etcétera, Dijo Dios: ¡Qué sea luz!*

7. Al principio de todo verso que tiene más de ocho sílabas, y de cada estrofa, en los de menos sílabas; pero muchos poetas emplean mayúscula en cada verso.

B. Letras que por tener el mismo sonido son de uso dudoso

Por ejemplo: la *b* y la *v*; la *c* y la *z*; la *g* y la *j*; la *i* y la *y*; la *k*, y la *c* fuerte.

Se emplea la b:

1. En las sílabas directas *bla, ble, bli, blo, blu, bra, bre, bri, bro, bru*; en las inversas *ab, abs, ob*; por ejemplo: *blanco, brazo, abnegación, subvenir, Puebla.*

2. Las palabras que empiezan por *bu-, bui-, bur-, bus-, bibl-,* como: *buía, buzo, buitre, burlar, busto, Biblia, biblioteca, Burgos.*

3. Las palabras que terminan en *-bundo, -bunda y –bilidad*; por ejemplo: *meditabundo, abunda, amabilidad.*

4. Después de *m*, como ambición.

5. En todos los tiempos de los verbos terminados en *-aber, -eber* y *-bir*, como haber, beber, concebir; excepto: *hervir, servir y vivir*, y sus derivados y compuestos.

6. En las terminaciones del pretérito imperfecto de indicativo de los verbos de la 1ª conjugación y del verbo *ir*; por ejemplo: *amaba, cantaba, andaban, iban.*

7. Las voces compuestas o derivadas de otras que llevan dicha letra; por ejemplo: *monosílabo, silabeo, contrabajo*, por derivarse de *sílaba* y de *bajo.*

Se escriben con v:

1. Los adjetivos terminados en *–ava, -ave, -avo, -eva, -eve, -evo, -iva, e -ivo*; por ejemplo: *octava, suave, esclavo, nueva, leve, suevo, activa, fugitivo*; menos *árabe* y sus compuestos y los adjetivos compuestos del sustantivo *sílaba*; como *bisílabo, trisílaba*, etcétera.

2. Después de la *b, l* y *n*; por ejemplo: *obviar, polvo, invierno, olvido.*

3. Después de las sílabas *ad, di, cla, jo, le, lla, lle, llo, llu, sal,*

como advertir, divertir, clavo, joven, levita, llave, llevar, llover, lluvia, salvaje, salve; menos en *dibujo, mandíbula* y sus derivados.

4. En el pretérito indefinido y derivados de los verbos *andar, tener* y *estar*; por ejemplo: *anduve, estuve, estuviera, tuvo, tuviese,* y en el presente *voy, vaya, vete.*

5. Muchos de los verbos terminados en *–evar, -ervar, -ivar, -olver,* y -over *ver,* como: *nevar, conservar, privar, volver* y *mover;* exceptúanse: *arribar, cebar, cribar, ensebar* y algunos otros.

6. Las voces terminadas en *–vivo, -vira* y en *–ívoro, -ívora*; por ejemplo: *Elvira, carnívoro, herbívora.* Se exceptúa *víbora.*

7. En las voces derivadas o compuestas, cuando la primitiva o la simple lleva dicha letra; por ejemplo: *intervenir* y *venidero.*

En la *c* hay que distinguir dos sonidos:

Se pondrá *c* con sonido de *k*:

1. Delante de las vocales *a, o, u*; como en camisa, cordón, cuchillo, Callao, Colombia, Cuba.

2. Delante de consonante y al final de vocablo; por ejemplo: *acto, clavo, crónica, acróbata, acción, cinc, coñac.*

3. Se pondrá c con sonido z: delante de las vocales *e,* e *i*; como en ciencia, celeste, gracia, hombrecillo. Se exceptúan: *Zenón, Zendavesta, Zeda, Zedilla, Zigzag, Zipizape, ¡Zis, Zas!* Etcétera.

Debe emplearse la z en lugar de la c:

1. Delante de las vocales *a, o, u*; como en zarzuela, razón, comezón.

2. En algunas palabras úsase también esa letra antes de *i*, como en *Ziszás, Zipizape* y las citadas anteriormente. (Se puede escribir: *Zinc* o *Cinc, Zeda* o *Ceda, Zelandés* o *Celandés*).

3. En las sílabas que terminan con dicho sonido; como, diez, diezmo, felizmente, arroz.

La *g* tiene también dos sonidos, uno suave (en el cual no hay equivocación) con las vocales *a, o, u,* como *gato, gota, gusto, glacial*; y otro fuerte, idéntico al de la *j*, con la *e* y la *i*.

Se escribirán con g, *teniendo el sonido de j:*

1. Las palabras que empiezan por *gen* o *geo*, como, *generoso, gentil, geografía.*

2. Las que terminan en –*gen, -genario, -genio, -gesimal, -gino-so, gismo, -gia, -gio, -gión, -ogía, -igen*, como, *virgen, octogenario, ingenio, vigesimal, colegio, religión, teología, origen.* Se exceptúan: *espejismo, legía, salvajismo.*

3. En las terminaciones esdrújulas: -*gélico, -géneo, -génito, -gé-simo, -génico, -gírico, -ógico, -ígeno*, como, *angélico, heterogéneo, fotogénico, primogénito, vigésimo, panegírico, lógico, oxígeno.*

Se usará la *j*:

1. En las voces en que entren los sonidos fuertes *ja, jo, ju*, como en *juguete, jaleo, cojo.*

2. En las palabras derivadas de otras que terminan en *ja*, o *jo*, como cajista de caja), *ojear*, (de ojo).

3. En las palabras que empiezan por *adj, eje, obj*, como *adjetivo, ejército, ejercicio, objeto*, y en las acabadas en *eje, jero, jería*, como en, *encaje, mensajero, relojería.* Se exceptúan: *falange, laringe, paragoge, esfinge, garage, etcétera.*

4. En las personas de los verbos que llevan *j* en el infinitivo, o que no teniendo ni *g* ni *j* en el infinitivo, entren por irregularidad los sonidos *je* y *gi*, como, *tejió* (de tejer), *conduje* (de conducir), *dijera* y *dijiste* (de decir).

La *y* sustituye la *i* latina en los siguientes casos:

1. Cuando es conjunción, como en, Pedro *y* Juan.

2. Al principio de sílaba, como *yeso, raya*, y al fin de palabra, cuando forma diptongo o triptongo con la vocal que la precede, como: *ley, buey, Camagüey.*

Se emplea la *K* en vocablos tomados de idiomas extranjeros, como: *kyrie, kilo, kepis, kiosco.*

C. Otras letras cuyo uso causa duda, son las siguientes:

Como la *b* y la *p*, la *c* y la *g*, la *d* y la *t*, la *m* y la *n*; las cuales tienen un sonido casi igual en sílabas inversas; la *r*, que a veces se duplica; la *x*, que puede sufrir alteración, y la *h*, que no se pronuncia.

1. Respecto de la *b* y la *p*, en las sílabas inversas, se ha establecido que, por lo general, se escribe *p* antes de *t*, como *apto, concepto, óptico*, y *b* en los demás casos; sin embargo, las palabras compuestas de las partículas *abs, ob, sub*, conservan la *b*, como en: *abstracción, obtener, subterráneo*.

2. Se usa la *c* y no la *g* en las sílabas inversas, siempre que precede a una *t* o a otra *c*, como: *acto, acción*; y *g* antes de *m* o *n*, como: *fragmento, enigma, digno*; exceptuando *dracma, técnico*.

3. Usaremos la *d* en lugar de *t* en todas las sílabas inversas que tengan ese sonido; por ejemplo: *admirar, adverbio, bondad*; excepto en *atmósfera, aritmética, istmo, logaritmo, complot, robot*, y algún otro vocablo.

Respecto a la *m* y la *n* queda establecido que:

1. Se pondrá *m* y no *n*, antes de *b* y *p*, y algunas veces antes de *n*, como en *ambos, amparo, alumno*.

2. Se empleará la *n* antes de la *m* y demás consonantes; como en *inmenso, infame, envidia*.

3. La *n* se duplica en algunas voces compuestas, como: *ennegrecer, ennoblecer, innata, innecesario, innovación, innumerable, perenne*.

La *r* tiene sonido fuerte en los casos siguientes:

1. Cuando va al principio de una palabra, como *rareza, rico, Rosario*.

2. Después de las consonantes *l, n, s*, como: *malrotar, honra, Israel*.

Se usa la *h*:

1. En casi todas las voces que la tienen en su origen, como, *hombre, honra, hostia, hemistiquio, homogéneo*; etcétera.

2. Delante de los diptongos *ia, ie, ue, ui*, como: *hiato, hierro, hueso, huir, Huelva*.

3. En las palabras que empiezan con los sonidos *-idr, -iper, -ipo*, como *hidra, hidráulica, hidrógeno, hipérbole, hiperdulia, hipócrita*.

4. En los verbos *haber, habitar, hablar, hacer, hallar, helar, heredar, huir, holgar, hospedar, humillar, hurtar*, y algunos otros.

5. En las voces que en castellano antiguo, latín, catalán, valenciano o gallego tienen *f*, como: *haba, hermano, hambre, hilo, humo*, etcétera.

III. SEGUNDA PARTE DE LA ORTOGRAFÍA: EL USO CORRECTO DE LOS SIGNOS ORTOGRÁFICOS

A. Acento ortográfico: *acento, diéresis y guión*

Acento ortográfico: es una rayita o tilde (´) que en determinados casos se coloca sobre la vocal en que recae el acento prosódico. Cuando dicha rayita se emplea para distinguir una palabra de otra que tiene igual estructura, se la llama acento diacrítico.

Llevan acento ortográfico:

1. Todas las palabras agudas de más de una sílaba terminadas en vocal o en las consonantes *n* o *s*; como: *sofá, café, Potosí, Mataró, Perú, Medellín, Jesús.*

2. Las graves acabadas en consonante que no sea *n* o *s*; V. gr.: *ámbar, azúcar, carácter, útil.*

3. Todas las esdrújulas, como: *sábanas, apéndice, tórtola, dícelo.*

4. También se acentúan la *u* y la *i* en las voces agudas o graves cuando, encontrándose con otra vocal, cae sobre una de ellas la pronunciación: *país, Saúl, alegría, acentúo, comprendíais, huída, Valparaíso.*

B. Nuevas normas de prosodia y ortografía

1. Según las "Nuevas Normas de Prosodia y Ortografía" de la Real Academia Española, no deben llevar acento los monosílabos verbales *fui, fue, dio, vio.*

2. También se dice en esas Nuevas Normas que la combinación *ui* se considerará siempre como diptongo, y que, salvo en palabras como *casuística, benjuí*, en los demás casos no se escribirán con acento, ni los infinitivos en *uir* ni sus participios pasivos: *atribuir, atribuido, construir, construido, instruir, instruido, huir, huido.*

3. Sin embargo, muchos prefieren acentuar esos participios y sobre todo palabras como *hu-í-da, hu-í-do, hu-í-mos*, etcétera, que bien pronunciadas, no tienen el diptongo *ui*, como lo tienen *rui-do, cui-da-do, con-cluir, con-clui-do*, etcétera.

4. Las palabras agudas terminadas en -ay, -ey, -oy, -uy se escribirán sin acento ortográfico: *Paraguay, Uruguay, virrey, maguey, convoy, cocuy (cocuyo)*, etcétera.

5. El adverbio *aún*, cuando equivale a todavía, lleva acento: *aún está enfermo; está enfermo aún.* Pero con el significado de *hasta, también, ni siquiera*, no lleva acento: *aún, está enfermo; está enfermo*

aún. Pero con el significado *de hasta, también, ni siquiera,* no lleva acento: *aun los sordos han de oírme; no me ayudó, ni aun lo intentó.*

6. Se autorizan dos formas de acentuación en varias palabras como las siguientes. (Se dan aquí sin acento): *dinamo, disentería, bimano, reuma, omoplato, poliglota, cuadrumano, periodo, amoniaco, gladiolo, etiope, cardiaco, olimpiada, metamorfosis.*

7. Palabras como las siguientes se pueden dividir en sílabas de dos maneras: *nos-o-tros o no-so-tros, des-am-pa-ro o de-sam-pa-ro.* – Pero algunas que llevan h, solamente así se dividen en donde va la h: *in-humano, in-hábil, des-hidratar, super-hombre, des-honra, des-hacer.*

8. Se autorizan las dos formas de ortografía y de pronunciación en palabras que empiezan con *ps, mn, gn: psicología, sicología; mnemotecnia, nemotecnia, gnomo, nomo* (duende, enano fantástico). También se autoriza el empleo de las formas contractadas: *remplazar, reemplazar; rembolsar, reembolsar, rembolso, reembolso.*

9. Nótese el acento en los vocablos siguientes: *décimo, así, río.* Pero en vocablos compuestos van sin acento: *decimoprimero, decimocuarto, decimoséptimo, asimismo, rioplatense.* Recuerde que *miligramo, centigramo, decigramo, decagramo, hectogramo, kilogramo, centilitro, decilitro, decalitro, hectolitro,* no deben acentuarse. En cambio los múltiplos y submúltiplos de *metro* sí se acentúan: *decámetro, hectómetro, kilómetro, decímetro, centímetro, milímetro.* Recuerde que el empleo de la diéresis en las sílabas *güe, güi,* sirve para indicar que se pronuncia la u: *vergüenza, pingüino, bilingüe, güero, güilota, güira.*

10. La *h* colocada entre dos vocales no impide que estas formen diptongo: *buhar-di-lla, des-ahu-mar, des-ahu-ciar, sahu-merio, rehusar.* En cambio, cuando las dos vocales no forman diptongo, la *h* va con la segunda: *va-hi-do, des-a-ho-go, re-huir, re-hu-ye, bu-ho.*

C. Palabras que llevan acento diacrítico:

1. la conjunción *o* cuando se halla inmediata a cifras y pudiera confundirse con el cero; así: 3 ó 4.

2. *Mí, tú, él* pronombres personales; *más* adverbio; *sí,* pronombre y adverbio de afirmación y nota musical: *dé* (de dar); *sé* (de ser y saber).

3. Los pronombres demostrativos; como: *este, aquellos.* (Se exceptúan los neutros).

4. Los relativos *cuál, quién, cúyo*; los indeterminados cuánto, cuánta, y sus plurales; los adverbios *cómo, cuándo, cuán, qué, dónde,* usados en sentido enfático y cuando dan principio a interrogación o admiración.

5. *Sólo,* cuando es adverbio, y *aún* cuando está después del verbo.

6. Las personas de verbos que lleven acento, lo conservan aunque se les añada uno o más afijos; por ejemplo: *amóle, rogóles, dióseme, andaráse.*

7. Las voces extranjeras admitidas en nuestro idioma están sujetas a las mismas reglas ortográficas; por ejemplo: *exequátur, accésit, Lyón, Wíndsor.*

8. Las palabras compuestas llevan los mismos acentos que sus componentes simples: por ejemplo: *cortésmente, útilmente, contrarréplica, décimoséptimo.*

D. Otras reglas sobre los acentos ortográficos:

1. Llevarán acento ortográfico las voces terminadas en *dos vocales,* seguidas o no de *n* o *s,* si la primera es débil y va acentuada; esto se hace para, destruir el diptongo: por ejemplo: *María, día, falsía, darían.*

2. Las palabras terminadas en tres vocales seguidas de *s,* de las cuales la primera es débil y acentuada, llevarán acento ortográfico sobre dicha vocal. Esto sucede con ciertas personas de verbos, como, *descansaríais, amaríais.*

3. Si la sílaba sobre la que ha de llevar acento ortográfico una palabra fuese diptongo, se pondrá el acento sobre la vocal fuerte, o sobre la segunda si las dos fuesen débiles, como, *parabién, averiguó, veréis, benjuí, Cáucaso, Huánuco, Darién.* Si en vez de diptongo fuese triptongo, la vocal fuerte llevará el acento, como en *amortiguáis, despreciéis.*

4. No se acentuarán las voces llanas cuya última sílaba sea un diptongo, como, *patria, armario, Bolivia.* Tampoco las que terminen en dos vocales fuertes, como, *jalea, bacalao, Bilbao, Callao, Canoa, Balboa.*

E. La diéresis y los guiones

1. La diéresis o crema (¨) sirve para dar sonido a la u de las sílabas *gue, gui*; como: *vergüenza, argüir.*

2. El guión es una rayita horizontal (-); se lo llama guión menor o guión mayor, según su longitud.

3. El guión menor se usa para indicar la división de las palabras cuando no caben enteras al fin del renglón; pero deben dividirse de acuerdo con la correcta división de las sílabas. También se usan para dividir las letras duplicadas; sin embargo, no se pueden dividir la *ll*, la *rr* y la *ch*. El guión menor sirve también para separar los componentes de ciertas palabras compuestas, como: *linguo-paladial*.

4. El guión mayor sirve para separar, en los diálogos, la parte que corresponde a cada uno de los interlocutores.

IV. TERCERA PARTE DE LA ORTOGRAFÍA: SIGNOS DE PUNTUACIÓN

A. ¿Qué signos de puntuación tenemos en castellano?

Los signos de puntuación sirven para marcar el sentido o significado de las cláusulas, e indicar las pausas que deben hacerse en la lectura. Los signos de puntuación son los siguientes: coma (,), punto y como (;), dos puntos (:), punto final (.), signos de interrogación (¿?), signos de admiración (¡!), puntos suspensivos (…), paréntesis ( ), guión mayor (--), guión menor (-), comillas (""), llamadas (a) (1), asterisco (*), la barra oblicua o diagonal oblicuo (/).

B. ¿Cuáles son las funciones de los signos de puntuación?

1. La coma indica una pequeña pausa y sirve para facilitar la respiración y dar a conocer el sentido de una oración. Se usará la coma principalmente en los casos siguientes:

   (a) Para separar las partes principales de una misma oración; por ejemplo: *Honduras, Nicaragua y Costa Rica son países centroamericanos.*

   (b) Para separar oraciones cortas que tengan un mismo sujeto; por ejemplo: *Mi padre nació en San Juan, creció en Valencia, estudió en México y murió en Miami.*

   (c) Para separar el sujeto del predicado cuando el primero es complejo o muy largo; por ejemplo: Uno de los pasajes bíblicos más conocidos de las Sagradas Escrituras es el Salmo 23.

(d) Para reemplazar un verbo sobrentendido; v. gr.: El hombre virtuoso vive siempre tranquilo; no así el malvado, su conciencia le acusa siempre.

(e) Se encierran entre comas los apóstrofes, y también las oraciones relativas explicativas; por ejemplo: *Paga el salario debido, hijo mío, a todo el que te sirve.*

2. El punto y coma indica una pausa más marcada que la coma, y en general separa frases de mayor extensión, especialmente con algún cambio de sentido; por ejemplo: Podemos tratar de ocultar nuestras faltas; *pero* tarde o temprano quedarán al descubierto.

3. Los dos puntos indican una pausa más prolongada que la del punto y coma y se emplean en los casos siguientes:

(a) Antes de citas textuales de frases y pensamientos; por ejemplo: El libro de Génesis empieza con la siguiente declaración: "En el principio creó Dios los cielos y la tierra".

(b) Después de los vocativos o saludos en cartas, discursos o solicitudes; por ejemplo: Estimado papá :, Muy señor mío:, Señores y señoras:

(c) Al inicio de una enumeración; por ejemplo: Los tres poderes de un gobierno nacional son: ejecutivo, legislativo y judicial.

(d) Después de las siguientes expresiones: por ejemplo, a saber, verbigracia, etcétera.

(e) Después de los dos puntos se pueden usar mayúsculas o minúsculas; por ejemplo: Estimado amigo: Cuánto gusto me da saludarte; Estoy cansado de decirlo: no dejaré mi país.

4. El punto indica una pausa prolongada que puede darse de tres maneras: como punto y seguido, punto y aparte o punto final.

(a) El punto y seguido sirve para separar las oraciones que integran una cláusula, período o párrafo de un escrito.

(b) El punto y aparte indica que el sentido o pensamiento central de una cláusula, un período párrafo ha terminado, y debe empezarse uno nuevo.

(c) El punto final indica que se ha concluido un escrito o tratado, ya sea de un capítulo o de un libro.

5. Los signos de interrogación se emplean al principio y al final de las oraciones en que se hace una pregunta; por ejemplo: *¿De dónde eres?, ¿Cómo te llamas?*

6. Los signos de admiración se emplean al principio y al final de toda palabra u oración que expresa admiración, sorpresa, asombro o miedo; por ejemplo: *¡Qué bueno es el Señor! ¡Cuán grande es Él! ¡Qué lástima! ¡Ay!*

7. Los puntos suspensivos denotan que se calla o se omite lo que se iba a decir o a escribir:

(a) Para expresar una pausa larga a fin de motivar suspenso, duda, perplejidad o temor, como en: *Un coro de ángeles que cantaba....*

(b) Para omitir algo de un escrito que se está copiando, como: *Pablo escribió: Todo lo puedo en Cristo...*

(c) Se usan también como paréntesis, para omitir algo que no necesita el escritor de una obra nueva, por no corresponder al sentido de la misma; por ejemplo: *"Honra a tu padre y a tu madre.... para que te vaya bien, y seas de larga vida sobre la tierra" (Efesios 6:2,3).*

(d) Algunos escritores suelen encerrar los puntos suspensivos entre paréntesis; por ejemplo: *"Honra a tu padre y a tu madre ... para que te vaya bien..."*

8. El paréntesis se usa para encerrar palabras que pertenecen a la oración, pero que bien pueden ser aisladas sin afectar el sentido correcto de la misma; por ejemplo: *La persona virtuosa (sea de alta categoría social, o no) debe tenerse en alta estima.*

9. Las comillas se usan para encerrar citas o palabras copiadas literalmente de otro libro o escrito perteneciente a otro autor. Ejemplo: *El salmista David escribió: "sean gratos los dichos de mi boca ..."* (Salmo 19:14).

10. Las notas o llamadas son números o letras que se colocan entre paréntesis después de una palabra u oración, para indicar que al pie de la página, o al final del capítulo se dará más información sobre dicha palabra o frase. También se usan para darle al escritor de alguna obra citada el crédito o reconocimiento correspondiente; por ejemplo: *(1), (2), (3), etcétera; (a), (b), (c), etcétera.*

11. El asterisco se usa para llamar la atención, lo mismo que una "nota" o una "llamada". Este signo indica que al pie de la página o al final del capítulo se dará mayor explicación sobre la palabra u oración aludida.

12. La barra oblicua o diagonal. Este símbolo es de uso común en el idioma inglés, pero ya se usa también con mucha frecuencia en castellano. El diagonal o barra oblicua: (/) se usa para separar los números de las fechas; por ejemplo: *nació en 15/04/1960* (15 de Abril de 1960). Sirve también para dividir abreviaturas, como: *El recibo aparece s/n,* (sin número). Además se usa con frecuencia para separar las conjunciones disyuntivas; por ejemplo: *Los integrantes son adultos y/o jóvenes.* Este símbolo se coloca sin espacio antes ni después.

Cuestionario de repaso
Séptima Lección

1. ¿Qué enseña la ortografía?

2. ¿En cuáles tres principios está basada la ortografía?

3. Mencione las tres partes en que se divide la ortografía.

4. ¿Qué palabras empiezan con letra mayúscula?

5. Anote diez nombres propios, apellidos y apodos cuya primera letra debe ser mayúscula.

6. Anote diez nombres que signifiquen dignidad y que por lo tanto empiecen con mayúscula.

7. Escriba cinco nombres de corporaciones, que por serlo empiezan con mayúscula.

8. Anote algunas letras que por tener el mismo sonido son de uso dudoso.

9. Anote cinco palabras que se escriben con "v" y cinco con "b".

_____

_____

10. ¿Cuáles son los dos sonidos que se deben distinguir en el uso de la letra "c"?

_____

11. ¿Cuándo se debe emplear la "z" en lugar de la "c"?

_____

12. ¿Qué palabras se deben escribir con "g", teniendo el sonido de "j"?

_____

13. ¿En cuáles cuatro casos se debe usar la letra "j"?

_____

14. Indique en cuáles dos casos la *y* (o y griega) sustituye a la "i" (o "i" latina).

_____

15. ¿Qué palabras se escriben con "p" y cuáles con "b"?

_____

16. ¿Cuáles palabras se escriben con "c" y cuáles con "g"?

_____

17. ¿Qué palabras se escriben con "d" en lugar de "t"?

_____

18. En cuanto a las reglas de la "m" y la "n",
    ¿Cuándo se pondrá "m" y no "n"?

_____

    ¿Cuándo se empleará "n" antes de la "m"?

_____

    ¿Cuándo se duplica la "n"?

_____

19. Dé una definición amplia del acento ortográfico.

_____

20. ¿Qué se entiende por "acento diacrítico", y qué palabras lo llevan?

_____

_____

21. ¿Qué palabras llevan acento ortográfico?

22. ¿Dónde llevan el acento ortográfico las palabras graves?

23. ¿Dónde llevan el acento ortográfico las palabras esdrújulas?

24. ¿Qué palabras agudas no se acentúan?

25. ¿Cuándo se acentúa, y cuándo no se acentúa el adverbio "aún"?

26. ¿De cuáles dos maneras se pueden dividir en sílabas las palabras "nosotros" y "desamparo"; y cómo se dividen las que llevan "h"?

27. ¿Qué se dice acerca de la manera de escribir las palabras "psicología" y "sicología"; "pneumatología" y "neumatología"; "mnemotecnia" y "nemotecnia"; "remplazar" y "reemplazar"; "rembolso" y "reembolso"?

28. Anote algunos pronombres personales que llevan acento diacrítico.

29. Anote cuatro palabras compuestas que llevan los mismos acentos que sus componentes simples.

30. ¿Por qué se acentúan las voces "María", "día", "falsía" y "daría"?

31. ¿Para qué sirve la diéresis o crema?

32. ¿Cuáles son los dos usos del guión menor?

33. ¿Para qué sirve el guión mayor?

_____

34. Trace aquí los catorce signos de puntuación que tenemos en castellano:

_____

35. ¿Cuáles son las funciones de los siguientes signos de puntuación?
La coma

El punto y coma

_____

Los dos puntos

_____

El punto

_____

Los signos de interrogación

_____

Los signos de admiración

_____

Los puntos suspensivos

_____

El paréntesis

_____

Las comillas

_____

Las notas o llamadas

_____

El asterisco

_____

La barra oblicua o diagonal

_____

Tercera Parte
INTERPRETACIÓN, INVESTIGACIÓN Y REDACCIÓN

Octava Lección

Reglas de hermenéutica, interpretación y figuras literarias

INTRODUCCIÓN

Parte esencial de este curso preliminar es el dominio de algunos principios de interpretación bíblica y algunas reglas de hermenéutica. La razón de esto es obvia, pues el trabajo principal del estudiante ministerial es la lectura y comprensión de la revelación escrita, lo cual le sería muy difícil sin algunos conocimientos interpretativos. La palabra "hermenéutica" viene del griego *hermeneutike*, derivado de *hermeneuo* y significa "interpretación". Hay dos clases de hermenéuticas, la general, la cual se ocupa de todo tipo de literaturas; y la cristiana, que se especializa en la interpretación de las Sagradas Escrituras, la palabra inspirada por Dios.

En las dos primeras partes de este capítulo veremos un poco de historia de la ciencia de la interpretación y las razones por las que todo estudiante bíblico debe conocer algo de hermenéutica. En las dos secciones posteriores daremos nuestra atención a las reglas hermenéuticas y a una lista de las principales figuras de retórica que se encuentran en la literatura sagrada. Los lenguajes de la Biblia, tanto el hebreo como el arameo y el griego, están colmados de figuras literarias que no sólo embellecen e ilustran su contenido sino que lo convierten en una verdadera fuente de inspiración y esparcimiento.

I. BREVE HISTORIA DE LA HERMENÉUTICA Y SUS IMPLICACIONES

A. El surgimiento de la hermenéutica en épocas antiguas

1. En la mitología griega de épocas pre bíblicas. En su libro *Principios de interpretación bíblica*, el Dr. L. Berkhof dice que el primero que aplicó la hermenéutica como ciencia interpretativa en 1567 a. C. fue Flacio Ilírico. Se sabe también que la palabra "hermenéutica" se

derivó del nombre de Hermes, el dios griego que según la mitología era el creador de los medios de la comunicación, como el lenguaje oral y el escrito. Los griegos; sin embargo, con el transcurso del tiempo explicaban con mayor seriedad el origen de dichas facultades humanas de comunicación[19]

2. Entre los intérpretes judíos del Antiguo Testamento, comentando algunas informaciones dadas por el profesor Luis Berkhof, señalamos lo siguiente: (a) Los judíos de Palestina le aplicaban al Antiguo Testamento, y especialmente a la Ley, como paso inicial una hermenéutica de tipo "literal". Es decir que, en primer lugar, se le daba al texto hebreo un sentido literal que llamaban *peshat*. Solo en un segundo proceso, y con mucho detenimiento, le buscaban al texto cualquier significado figurado o espiritual, llamado *midrash*. (b) Los judíos de Alejandría, en cambio, adoptaron el método "alegórico" derivado de la filosofía de Platón y de Filón. Filón era un filósofo judío que desechaba el método literalista para la interpretación del Antiguo Testamento y le aplicaba el alegórico o figurado y espiritual.

B. Aplicación de la hermenéutica a escritos del Nuevo Testamento

1.En el tiempo de los apóstoles. Durante el primer siglo del cristianismo, la predicación y la enseñanza eran sanas y originales, porque provenían de los mismos autores de los escritos que circulaban por todas las iglesias del primer siglo. Fue después de la desaparición de dichos autores, en el período patrístico de los siglos III y IV cuando empezó a surgir la necesidad de aclarar detalles y responder las preguntas que iban surgiendo. Las nuevas generaciones de expositores del evangelio y de las doctrinas cristianas produjeron líderes cuyos puntos de vista diferían de las de otros. Los escritos de los apóstoles y aun los del Antiguo Testamento eran a veces interpretados de diferentes maneras en distintas partes del mundo evangelizado. Esto hizo que en las distintas regiones surgieran maestros y líderes y se desarrollaran lo que se conoce como "escuelas de pensamiento" que expresaban su manera de pensar y de interpretar las Escrituras.

2. La escuela de Alejandría con su metodología de interpretación alegorista. Ya se hizo mención de la filosofía alegorista de Platón, llevada por los griegos a Egipto, donde se encontró con el saber bíblico

---

19 Luis Berkhof, Principios de Interpretación Bíblica, (Barcelona, España: Editorial Clie) 1989, P. 13.

de los judíos y con la doctrina de los cristianos. Filón fue el principal heredero judío del método alegórico de Platón y el que primero lo aplicó a la interpretación de los escritos bíblicos. Entre los filósofos que tuvieron contacto, y de alguna manera afectaron a la doctrina cristiana fueron: (a) Los estoicos, con algunos de los cuales se encontró Pablo en Atenas. (b) Clemente de Alejandría, quien abogaba por que toda la Escritura fuera interpretada alegórica o figuradamente. (c) Orígenes, un sobresaliente maestro cristiano de Alejandría, que creía en la pre existencia de las almas.

3. La escuela de Antioquía de Siria con su metodología gramáticohistórica. Se cree que los fundadores de esta tradición hermenéutica fueron Doroteo y Lucio, alrededor del año 290 d. C. Otro nombre importante en este grupo fue el de Diodoro de Tarso, presbítero de Antioquía y más tarde obispo de Tarso de Cilicia. Dos de sus más distinguidos discípulos fueron el erudito expositor y exégeta del Nuevo Testamento, Teodoro de Mopsuestia y el famoso predicador de Antioquía, Juan Crisóstomo. A este último se le daba el título de "Crisóstomo boca de oro" debido a su notable elocuencia como predicador del evangelio. Así como Crisóstomo destacó en la predicación, Teodoro lo hizo en la exégesis bíblica desde un punto de vista gramatical e histórico. Su obra titulada *Contra los Alegoristas* demostró su oposición al estilo alegórico de interpretación, defendido por los teólogos alejandrinos, los cuales atacaron sus obras después del Concilio de Éfeso (431 d. C.)

4. La escuela de Roma y el occidente con una mezcla de los estilos alegóricos y los gramático-históricos. La diferencia principal entre esta tercera escuela de interpretación bíblica y las dos anteriores fueron dos elementos de notable influencia. Esos factores fueron la influencia de la tradición y la autoridad de la iglesia romana. Entre los más influyentes de los teólogos del occidente se puede mencionar a Hilario de Arlés, Ambrosio de Milán, Jerónimo de Italia y Agustín de Hipona. Jerónimo se especializó en las lenguas hebrea y griega y tradujo la Biblia de dichos idiomas al latín popular, por lo que esa traducción se conoce como la *Vulgata Latina*. En cambio, su contemporáneo Agustín se distinguió como el más ilustre de los teólogos latinos de finales del siglo IV y principios del V, pero no fue un exégeta. Agustín heredó mucho del estilo alegórico de interpretación e influyó para el establecimiento de la doctrina de la predestinación.

5. Los mil años de oscuridad e ignorancia de la Edad Media bajo el dominio católico romano. Hasta los clérigos carecían de conocimiento de las Sagradas Escrituras y vivían sumergidos bajo la impresión de que la Biblia era un libro místico y misterioso que solo podía ser interpretado por la Iglesia Católica. El clero buscaba en la Biblia las tradiciones de los padres y las enseñanzas de la iglesia en lugar de buscar las enseñanzas de la Biblia. En otras palabras, la iglesia no estaba bajo la autoridad de las Escrituras sino las Escrituras estaban bajo la autoridad de la iglesia. A la gente común se le prohibía el acceso a la Biblia para evitar que el creyente se confundiera. En la actualidad los católico-romanos viven casi en esa misma situación, razón por la cual no crecen en el conocimiento de la verdad bíblica y se alimentan bíblica y espiritualmente sólo con lo que sus clérigos y la iglesia les quieren enseñar.

6. La Reforma y sus resultados en el aspecto de la hermenéutica bíblica. El Renacimiento fue el amanecer de la humanidad en todos los sentidos de la vida, incluyendo el acceso a la Palabra de Dios y el estudio de la misma. Durante los siglos XIV y XV Europa abrió los ojos en todas las direcciones de la vida, y los países colonizados por los europeos también fueron empezando a ver la luz. Entre los hombres que tuvieron parte en el amplio movimiento de la Reforma cristiana podemos mencionar al holandés Desiderio Erasmo (1467-1516), el alemán Martín Lutero (1483-1546), Felipe Melanchton, también alemán (1497-1560) y el francés Juan Calvino (1509-1564). Estos y muchos otros se distinguieron por su interés en las Sagradas Escrituras y la enseñanza de ella a todos los creyentes sin la presión ni las restricciones del catolicismo.

7. Escuelas modernistas de los últimos tiempos. Desafortunadamente, a finales del siglo XIX y durante el pasado siglo XX, surgió una diversidad de grupos y escuelas de interpretación bíblica con tendencias racionalistas y liberales. (a) Heidelberg, por ejemplo, cuestionaba los milagros de la Biblia. (b) Strauss propuso la interpretación mítica del Nuevo Testamento, alegando que los discípulos quedaron tan impresionados acerca de Jesús que después de su partida le atribuyeron toda clase de milagros, incluyendo la resurrección. (c) Bauer, el fundador de la escuela de Tubinga, enseñó que el Nuevo Testamento fue originado según el principio hegeliano de tesis, antítesis y síntesis. Enseñaba que las rivalidades entre los cristianos,

como la controversia entre Pablo y Pedro dieron lugar a los escritos neotestamentarios. (d) Los críticos Wellhausen y Schleirmacher negaban la doctrina de la inspiración verbal de la Biblia. Algunos de sus seguidores proponían que en la Biblia hay partes esenciales y partes no esenciales, y que la línea divisoria entre ellas solo puede ser establecida por la ciencia crítica.

8. La "Nueva Hermenéutica". En esta sección compartimos datos de varias obras para orientar nuestra presentación de estas notas sobre la historia de la hermenéutica. El Dr. José M. Martínez, por ejemplo, señala en su excelente libro *Hermenéutica Bíblica*, que, "más que un método, la nueva hermenéutica es una nueva concepción de la interpretación bíblica".[20]

1. Relación de la "nueva hermenéutica" con la "desmitologización". En notas anteriores, el Dr. Martínez se había referido al conocido tema de la "desmitologización", una indeseable práctica fomentada por varios teólogos e intérpretes alemanes de los siglos XIX y XX. La idea básica de esos modernistas consiste en ver lo histórico de la Biblia, especialmente del Nuevo Testamento como mitológico (del griego *mythos* "mito," "leyenda simbólica"), algo irreal. El más representativo de la desmitologización fue el alemán Rudolf Bultmann (1884-1976), quien decía que el elemento mítico del Nuevo Testamento (todo lo sobrenatural y milagroso) debe ser separado del contenido didáctico para poder interpretar bien el *kerigma* (mensaje).

2. ¿Qué dicen estos intérpretes modernistas acerca de los milagros? Según este sistema interpretativo, el nacimiento virginal de Jesús, las señales del bautismo de Jesús en el Jordán, la conversión del agua en vino, las sanidades de distintas enfermedades, y los milagros, como caminar sobre las aguas, la multiplicación de los panes y los peces, las liberaciones de endemoniados, los milagros de la cruz, la resurrección, las apariciones de Jesús y la ascensión al cielo; todas son leyendas o mitos; no hechos reales. Ellos dicen que las descripciones de milagros son el ropaje o envoltorio de las verdades que el Nuevo Testamento enseña. Dicen que esos son elementos que deben ser ignorados o puestos a un lado para entender el significado espiritual que dichas leyendas encierran. Otros nombres relacionados con la desmitificación o desmitologización son Adolf Harnack, William Herman y el teólogo suizo Karl Barth.

---

20 José M. Martínez, Hermenéutica Bíblica, (Terrassa, Barcelona, España: Libros Clíe, 1987). p. 109.

3. ¿Cómo justifican o defienden estos intérpretes modernistas la desmitologización? De acuerdo con los argumentos de Rudolf Bultman, citados por el Dr. Martínez: "No es posible seguir pensando en un universo dividido en tres pisos o planos: el cielo, la tierra y el infierno; ni en la tierra como el escenario en el que actúan seres o fuerzas sobrenaturales: Dios y sus ángeles, Satanás y sus demonios. Tampoco puede admitirse, sin previa desmitificación, la representación de los acontecimientos salvadores: encarnación, del Hijo, ser divino preexistente, su muerte en expiación por los pecados del mundo, su resurrección, su ascensión y su *parousía* [o segunda venida]. Toda esta mitología es esencialmente una incorporación al Nuevo Testamento de la apocalíptica judía y del mito gnóstico de redención […] Esto equivaldría a un "sacrificio intelectual".[21] En otras palabras, los intérpretes modernistas, que abundan hoy en las iglesias y los púlpitos del mundo moderno, creen que aceptar como realidad los milagros y las profecías de la Biblia es atentar contra la mentalidad científica y altamente desarrollada de la humanidad del siglo XXI.

4. ¿Cómo respondemos nosotros a estos estilos modernos de interpretación? La mejor manera de reaccionar ante este asalto diabólico contra la hermenéutica cristiana es tomar la recomendación pastoral y profética que el apóstol Pablo le dio a su hijo ministerial Timoteo: "Guarda lo que se te ha encomendado, evitando las profanas pláticas sobre cosas vanas, y los argumentos de la falsamente llamada ciencia, la cual profesando algunos, se desviaron de la fe" (1 Timoteo 6:20,21). También se puede recurrir a la reflexión del autor de Hebreos. En Hebreos 11:6, este gran creyente da una respuesta contundente, en el capítulo de los milagros, que estos alemanes incrédulos, y todos los que aprendieron de ellos en el mundo de hoy, llamarían "mitos": "Pero sin fe es imposible agradar a Dios; porque es necesario que el que se acerca a Dios crea que le hay [que Él existe], y que es galardonador de los que le buscan". De labios del mismo Maestro divino se escuchan las palabras que le dijo a un padre en Cesarea de Filipo, quien rogaba que Jesús sanara a su hijo: "Si puedes creer, al que cree todo le es posible" (Marcos 9:23).

---

21 José M. Martínez, Op. Cit., p. 104.

II. ALGUNAS REGLAS DE LA HERMENÉUTICA SAGRADA

A. Primera regla: *Averiguar cuál fue el sentido original del texto y ver si se debe conservar dicho sentido.*

No cabe duda de que los escritores recibieron inspiración divina y orientación general para comunicar a sus lectores y oyentes las palabras más claras, usuales y de sentido común para ellos. De ahí que el primer paso del intérprete sea indagar, hasta donde sea posible, qué significaban las palabras del texto en el momento, lugar y ambiente social de los lectores originales. Por supuesto que esta norma queda a un lado cuando el pasaje mismo indica que su mensaje tiene un sentido figurado. Por ejemplo, cuando Jesús les dijo a sus discípulos: "Tomad, comed; esto es mi cuerpo" (Mateo 2:26), les habló en sentido figurado; se refería a su sacrificio en la cruz, no a que ellos se lo comieran en pedazos.

De manera que el que lee un texto y, sin preguntarse cuál fue su sentido original, opta por darle un significado diferente, comete el mismo error que el que no averigua si el sentido original es literal o figurado, material o espiritual. Para el primer caso, el Dr. Lee Roy Martin declara que "aunque la Biblia es un libro especial, debemos leerla con naturalidad e interpretar sus palabras de manera usual. Dios no quería que la Biblia fuera un rompecabezas o que contuviera un mensaje secreto. Aun cuando algunas partes de ella son difíciles de entender para nosotros –debido al tiempo transcurrido entre nuestra época y la fecha en que fue escrita–, la mayor parte de la Biblia es articulada en una forma que es sencilla y fácil de entender"[22] Para el segundo caso, de no averiguar cuál es el sentido del texto, el escritor E. Lund previene lo siguiente: "[…] téngase muy presente que el sentido usual y ordinario no equivale siempre al sentido literal […] el deber de tomar las palabras y frases en su sentido ordinario y natural no significa que siempre deben tomarse al pie de la letra".[23] Por ejemplo, si se toman al pie de la letra las palabras de Jesús: "si alguno viene a mí, y no aborrece a su padre y madre […] no puede ser mi discípulo," estas se constituirían en una contradicción de los mandamientos de honrar a los padres y amar al prójimo como a sí mismo.

---

22 Lee Roy Martin, Hermenéutica Bíblica, (Miami, Florida: Gospel Press/Senda de Vida Publishers, 2011). p. 25.
23 E. Lund, Hermenéutica e Introducción Bíblica, (Miami, Florida: Editorial Vida, 2001). p. 30.

B. Segunda regla: *Buscar el sentido de la palabra clave dentro de las distintas escalas de su contexto.*

El Dr. Martin presenta la figura de seis círculos concéntricos para ilustrar las distintas escalas del contexto de una palabra.[24] Realmente debieran ser siete círculos, no seis: La *palabra* bíblica que necesitamos entender forma parte de una *frase*; la frase es parte de una *oración*; la oración es parte de un *párrafo*; el párrafo forma parte de una *unidad* o un capítulo; la unidad forma parte de un *libro* de la Biblia; el libro pertenece a un *Testamento*, al Antiguo o al Nuevo; y el Testamento es parte integral de *toda la Biblia*. Dicho autor cierra el párrafo aludido asegurando que "cuanto más aprendemos de la Biblia completa, más capaces somos de interpretar cada versículo o pasaje". Para comprobar cómo cambia el sentido de una palabra, dependiendo del sentido de su contexto, podemos destacar algunos términos conocidos.

1. La palabra FE regularmente significa confianza; sin embargo, dependiendo de su contexto, este término puede tener otros significados en la Biblia. En Gálatas 1:23 se dice de Pablo: "Ahora predica la fe que en otro tiempo asolaba". Aquí "fe" significa doctrina, creencia o religión. En cambio en Hechos 17:31, Pablo dice de Jesús: "Dando fe a todos con haberle levantado de los muertos". Aquí la palabra "fe" no significa confianza ni creencia sino "testimonio" o "prueba". En Romanos 14:23, "fe" significa "convicción" o "seguridad".

2. La palabra GRACIA comúnmente significa favor inmerecido; sin embargo, en Hechos 14:3 se dice que el Señor "daba testimonio a la palabra de su gracia". Aquí no significa favor sino "proclamación del evangelio". En 1 Pedro 1:13 se habla de "la gracia que se os traerá cuando Jesucristo sea manifestado". Aquí la gracia será el galardón y la bendición que Jesús dará a los creyentes en su segunda venida.

C. Tercera regla: *Determinar el género o la clase de lenguaje en que está escrito el texto a interpretarse.*

Es bien sabido que la Biblia contiene una variedad de lenguajes, debido a la diversidad de autores, las diferencias de épocas y ubicaciones geográficas. También se deben tomar en cuenta los múltiples propósitos que Dios quiso comunicar por medio de su Palabra. La

---

24 Ibid.

persona que desee entender e interpretar los pasajes que lee, debe determinar qué tipo de literatura tiene frente a sí. Si está consciente del género literario al cual pertenece el texto o pasaje que desea interpretar, su trabajo le será más fácil. Los siguientes son tipos o géneros de literatura que contiene la Biblia:

1. Historia. Gran parte de las Sagradas Escrituras consiste en narraciones y descripciones históricas en las que intervienen distintos personajes, lugares y situaciones sociales.

2. Leyes y mandamientos. Importantes secciones de las Sagradas Escrituras fueron dadas en forma de leyes y mandamientos, tanto a escala nacional como comunitaria e individual. Mucho del contenido del Pentateuco, por ejemplo, consiste de leyes y mandamientos para el pueblo de Israel. Lo mismo sucede con los libros sapienciales, los discursos de los profetas, las enseñanzas de los evangelios y las doctrinas de las epístolas.

3. Poesía. Los Salmos, los Proverbios y los demás escritos de sabiduría conservan la belleza de la poesía hebrea. (4) Profecía. Este género literario abunda a través de las Escrituras y predomina en los libros de los Profetas Mayores, Menores y el libro del Apocalipsis.

D. Cuarta regla: *Buscar los textos o pasajes paralelos a fin de aclarar el sentido de lo que se quiere interpretar.*

1. ¿Qué son y para qué sirven los "paralelos"? Al hablar de paralelos en las Sagradas Escrituras se tienen en mente los textos o pasajes que contienen el mismo mensaje, ya sea que se citen entre sí, o simplemente refieran los mismos hechos o enseñanzas. Cuando el sentido de un texto o pasaje no es lo suficientemente claro, y se necesita más luz sobre un asunto, es recomendable ver si existen paralelos. Estos le permiten al lector e intérprete de la Biblia comparar lo que se dijo o se escribió acerca de los temas que se están considerando, por los mismos, o diferentes autores, en el mismo, o en otros libros del canon sagrado. Muchas veces leer las mismas cosas en otros pasajes es suficiente para entender mejor el contenido del mensaje. Sin embargo, se debe tener en mente el dicho común de que hay que comparar "manzanas con manzanas y naranjas con naranjas," o, como dice el apóstol Pablo: "acomodando lo espiritual a lo espiritual" (1 Corintios 2:13).

2. ¿Cuántas clases de paralelos hay en las Escrituras? De acuerdo con Lund, (a quien seguimos en estas notas), existen "paralelos de palabras," "paralelos de ideas" y "paralelos de enseñanzas generales".

(a) Paralelos de palabras. El significado de una palabra, un nombre personal, el nombre de un lugar o de un evento puede facilitarse considerablemente cuando se halla el mismo término en otra parte de la Biblia. Por ejemplo, en Gálatas 6:17, Pablo dice: "[…] yo traigo en mi cuerpo las marcas del Señor Jesucristo". Algunos han cometido el error de decir que el apóstol llevaba en su cuerpo las cicatrices de los clavos y la del costado. Sin embargo, buscando la palabra "cuerpo" hallamos que en 4:10 se aplica a llevar el sacrificio de Jesús en las persecuciones que Pablo y sus compañeros sufrían por predicar el evangelio.

(b) Paralelos de ideas. A veces es necesario comparar no solo palabras con palabras sino también ideas con ideas, con el fin de establecer un hecho o aclarar algunos temas oscuros. Por ejemplo, en Mateo 16:18, Jesús le dijo a Pedro: "Sobre esta roca edificaré mi iglesia". Algunos, erróneamente enseñan que la roca a la que se Jesús hizo alusión era Pedro, y que fue sobre este apóstol que fue fundada la iglesia. Esto condujo al catolicismo romano a decir que Pedro fue el primer papa. Todo esto queda descartado cuando se compara la idea de esta conversación con lo que Jesús mismo dijo acerca de su persona en Mateo 21:42-44, donde Él se presenta como "la piedra del ángulo". El apóstol en Efesios 2:20 los creyentes son "edificados sobre el fundamento de los apóstoles y profetas, siendo la principal piedra del ángulo Jesucristo mismo". También el apóstol Pedro dice en 1 Pedro 2:4,8: "acercándoos a él, piedra viva […]".

(c) Paralelos de temas o doctrinas. Hay temas doctrinales que se prestan para aplicaciones dudosas hasta que se comparan con otros pasajes que presentan los mismos temas con puntos de vista más claros. Por ejemplo, en Proverbios 16:4 se indica que Jehová hizo "aun al impío para el día malo". Esto ha sido usado por algunos para apoyar el punto de vista de la doble predestinación; es decir, que Dios hizo a unos humanos para que sean condenados en el día del juicio. Pero si vamos a temas doctrinales paralelos, encontramos en Ezequiel 18:23 unas preguntas de parte de Dios que niegan la interpretación anterior: "¿Quiero yo la muerte del impío? dice Jehová el Señor. No vivirá, si se apartare de sus caminos?". También en 2 Pedro 3:9, el apóstol afirma que el Señor no quiere "que ninguno perezca, sino que todos procedan al arrepentimiento".

III. FIGURAS DE RETÓRICA, SIMPLES O BREVES DE LA BIBLIA

En las Sagradas Escrituras se encuentran figuras de retórica, llamadas también figuras de lenguaje, tanto en el Antiguo Testamento como en el Nuevo. Se debe tener en mente que existe una variedad de figuras retóricas en la Biblia. En primer lugar consideraremos las simples o breves, las cuales se dividen en figuras de comparación, redundancia, exageración, relación, contraste y personificación.

A. Figuras retóricas de comparación

1. *El símil*, cuyo significado es "similar," "parecido," "semejanza". El símil es una figura retórica que se usa para comparar una cosa simbólica con otra, haciendo uso de las conjunciones "como" y "así". Ejemplos: Salmo 42:1: "Como el ciervo brama por las corrientes de las aguas, así clama por ti, oh Dios, el alma mía" (Salmo 42:1); "Como son más altos los cielos que la tierra, así son mis caminos más altos que vuestros caminos" (Isaías 55:9). También hay símiles sin la palabra "así": "Como el padre se compadece de los hijos, se compadece Jehová de los que le temen".

2. *La metáfora*, que significa "traslado". Esta figura consiste en comparar dos objetos, hechos o personas, asumiendo el uno las características propias del otro, sin usar la conjunción comparativa "como". En cambio se usa en la metáfora el verbo "ser," en cualquiera de sus conjugaciones. Ejemplos: Jesús dijo: "Yo soy la vid verdadera, y mi Padre es el labrador". No dijo: "Yo soy como la vid verdadera," ni "mi Padre es como el labrador". En estas metáforas, Jesús y el Padre se identifican o se identifican con las características que son propias de la vid y el labrador. Otros ejemplos se halla en: "Vosotros sois la sal de la tierra […] Vosotros sois la luz del mundo" (Mateo 5:13,14). En estos casos las comparaciones son más fuertes y significativas que si se usara la palabra "como".

B. Figuras de redundancia y exageración

1. *El pleonasmo* o figura de redundancia. Esta figura retórica consiste en usar palabras redundantes, repetitivas, y hasta cierto punto innecesarias, pero que sirven para darle a la expresión mayor fuerza y seguridad. Un ejemplo de esta figura en nuestro lenguaje diario se oye en el dicho: "Lo vi con mis propios ojos". Lo redundante y repetitivo en este caso hace que el lector u oyente se dé por enterado de que el que le habla realmente vio lo que dijo haber visto. Los siguientes son algunos ejemplos de pleonasmo: En Génesis 40:23 se dice que "el jefe de los coperos no se acordó de José, sino que lo olvidó". En Job 32:16 se dice: "[…] más bien callaron y no respondieron más". En 1 Tesalonicenses 3:9, el apóstol Pablo escribió: "[…] por todo el gozo con que nos gozamos a causa de vosotros". En el libro del Apocalipsis, siete veces se usa la expresión, "el que tiene oído, oiga lo que el Espíritu dice a las iglesias".

2. *La hipérbole*, del griego *hyper* que significa "exceso". Figura de dicción que aumenta los efectos o la cantidad de lo que se describe, algunas veces con gran exageración, para darle mayor relevancia y énfasis a lo que se está comunicando. En Mateo 3:5 se dice que salía para ver a Juan "toda Jerusalén, y toda Judea, y toda la provincia de alrededor del Jordán". Juan dice, al final de su evangelio, hablando de todas las cosas que hizo Jesús durante su ministerio: "[…] si se hubieran escrito una por una, pienso que ni aun en el mundo cabrían los libros que se habrían de escribir" (Juan 21:25).

C. Figuras retóricas de relación

1. *La sinécdoque*, de una voz griega que significa "abarcar". Esta figura retórica de relación consiste en abarcar el todo por la parte o tomar la parte por el todo. En el lenguaje común se habla, por ejemplo, de "cien cabezas" para referirse a cien reses; y a "cien almas" para designar a cien personas; o al "pan cotidiano" por los alimentos de cada día. Se alude al todo por la parte en Hechos 24:5, donde se acusa a Pablo de ser "promotor de sediciones entre todos los judíos por todo el mundo," cuando hablaban solo de los países del Mediterráneo. Se toma la parte por el todo en la profecía de Isaías 2:4: "Volverán sus espadas en rejas de arado, y sus lanzas en hoces". Aquí se tiene en mente un desarme mundial y general, incluyendo los tanques, aviones de guerra y hasta las armas nucleares, porque el Señor está anunciando

la paz mundial del reino del Mesías, no sólo de sencillos artefactos de guerra que se mencionan en ese pasaje.

2. *La metonimia*, una transliteración griega. Esta figura literaria de relación se usa para designar el efecto por la causa, la causa por el efecto, o el símbolo por la realidad. Ejemplos del lenguaje común: Hablando de los escritos de alguien, se dice: "En su libro no respeta canas:" Con eso se quiere decir que critica aun a los de mayor edad. También: "En la corte, hablen cartas y callen barbas". Eso da a entender que en un tribunal lo que vale son las pruebas por escrito, no el palabrerío de los que hablan demasiado. Ejemplos bíblicos: En Lucas 16:29 Abraham dice: "A Moisés y a los profetas tienen; óiganlos". Aquí Jesús se refirió a los escritos del Antiguo Testamento. En 1 Juan 1:7 se dice: "La sangre de Jesucristo su Hijo nos limpia de todo pecado". Aquí el símbolo "sangre" se toma por el sacrificio personal, completo de Jesús. En Romanos 3:30, las palabras "circuncisión" e "incircuncisión" se refiere a judíos y gentiles. Otro ejemplo de metonimia se halla en la oración de David: "Purifícame con hisopo, y seré limpio" (Salmo 51:7).

D. Figuras retóricas de contraste

1. *La ironía*, del griego *eironeía* que da la idea de "disimulo," una burla fina y disimulada. Esta figura se usa para decir disimuladamente lo contrario de lo que se dice literalmente. Por ejemplo, el profeta Elías les habló con ironía a los sacerdotes de Baal en el Carmelo cuando les dijo: "Gritad en alta voz, porque dios es; quizá está meditando, o tiene algún trabajo, o va de camino; tal vez duerme, y hay que despertarlo" (1 Reyes 18:27). También Job les habló irónicamente a sus interlocutores cuando les dijo: "Ciertamente vosotros sois el pueblo, y con vosotros morirá la sabiduría" (Job 12:2).

2. *La paradoja*, palabra compuesta de dos términos griegos: *para*, "contra" y *doxa*, "opinión". La paradoja es una figura de contraste que expresa una declaración contraria al sentido común. Es una proposición aparentemente imposible y hasta cierto punto absurda, pero que si se la considera detenidamente y se entiende bien, se descubre en ella una verdad irrefutable. Del lenguaje común se cita como ejemplo la siguiente: "Es una paradoja que el que menos tiene es el que más gasta". En la Biblia abundan las paradojas: En Mateo 10:39, Jesús dijo: "El que halla su vida, la perderá; y el que pierde

su vida por causa de mí, la hallará". En Lucas 9:60, Jesús dijo: "Deja que los muertos entierren a sus muertos". En 2 Corintios 4:18, Pablo dijo: "No mirando nosotros las cosas que se ven, sino las que no se ven". Pablo dijo de Jesús: "[…] por amor a vosotros se hizo pobre, siendo rico, para que vosotros con su pobreza fueseis enriquecidos" (2 Corintios 8:9).

E. Figuras retóricas de personificación

1. *La personificación*. Esta figura consiste en atribuir hechos y características propias de personas humanas a cosas u objetos y a seres abstractos que por naturaleza carecen de existencia personal. Ejemplos del uso de personificación se hallan en el Salmo 114 donde el mar huyó, el Jordán se volvió atrás, los montes saltaron como carneros y los collados como corderitos. En Habacuc 3:10, 11 "tuvieron temor los montes […] el abismo dio su voz, a lo alto alzó sus manos".

2. *El apóstrofe*, del griego *apo*, "de" y *strophe*, "volverse". Esta figura es una invocación hecha por el orador o el escritor, quien se vuelve de sus oyentes para dirigirse a alguien que no está presente o a algo que no tiene vida. El apóstrofe es muy parecido a la "personificación". Es la interrupción del discurso o tratado para dirigirse a algo inanimado. Ejemplos conocidos de apóstrofes son los siguientes: En Isaías 1:2, el profeta habla de parte de Jehová, diciendo: "Oíd, cielos, y escucha tú, tierra; porque habla Jehová". Otros casos son las exclamaciones de Isaías 14:12-15, las cuales son a la vez expresiones tipológicas de doble sentido, por referirse en primer lugar al derrotado rey de Babilonia, y en segunda instancia al personaje prehistórico, tomado por numerosos intérpretes como Satanás. Los apóstrofes en ese pasaje dicen: "¡Cómo caíste del cielo, oh Lucero, hijo de la mañana!" "Mas tú derribado eres hasta el Seol, a los lados del abismo". También se cita el lamento de Jesús, de Mateo 23:37: "¡Jerusalén, Jerusalén, que matas a los profetas, y apedreas a los que te son enviados!".

3. *La prosopopeya*, del griego *prosopopoía*, es una figura muy parecida a la personificación y al apóstrofe, pues se usa para personificar cosas inanimadas, atribuyéndoles hechos o acciones de personas. Por ejemplo, Pablo la utiliza cuando le dirige dos preguntas retóricas a la muerte como si se tratara de una persona que puede triunfar o ser derrotada por un adversario: "¿Dónde está, oh muerte, tu aguijón?

¿Dónde, oh sepulcro, tu victoria?" También el apóstol Pedro usa la prosopopeya al referirse a los efectos del amor: "Porque el amor cubrirá multitud de pecados" (1 Pedro 4:8). En el Salmo 85:10, 11 aparece esta figura en secuencia: "La misericordia y la verdad se encontraron; la justicia y la paz se besaron. La verdad brotará de la tierra, y la justicia mirará desde los cielos".

IV. FIGURAS DE RETÓRICA, COMPUESTAS O EXTENSAS DE LA BIBLIA

Esta segunda clasificación de figuras literarias de la Biblia consta de las más extensas y complejas de ellas, pero se usan casi con los mismos fines de las de la división anterior.

A. La parábola

1. Definiciones. El término "parábola", del griego *parabolé*, viene del verbo *paraballo* que significa "poner a la par," o "comparar". Este recurso literario, tan común en las Escrituras, consiste en comparar objetos, situaciones o hechos conocidos con cosas o situaciones desconocidas. La parábola es muy parecida a la alegoría pero se presenta mayormente en forma de narración, imaginaria o real. ¿Cuál es el propósito de las parábolas de la Biblia? La mayoría de estos recursos literarios tenían el propósito de iluminar a los lectores u oyentes para que entendieran mejor el mensaje que se les estaba comunicando. Sin embargo, algunas de las parábolas usadas por Jesús tenían el fin de ocultar las cosas más profundas del reino de los cielos. Por lo menos, eso fue lo que dio a entender el maestro en Mateo 13:11, Marcos 4:11 y Lucas 8:10. Según el Dr. Martínez, "la parábola revelaba y velaba a un tiempo; aclaraba y ocultaba. Que tuviese un efecto u otro dependía de la disposición espiritual de los oyentes.[25] Para los que creían en Jesús, las parábolas eran elementos facilitadores para un mejor aprendizaje; en cambio, a los judíos incrédulos,les causaban confusión y hostilidad. Esto era así, especialmente con las parábolas del reino, en las cuales se enaltece el lugar de Jesús como el Mesías.

2. Parábolas del Antiguo Testamento. Entre las parábolas del Antiguo Testamento, se citan los siguientes ejemplos: (a) *Sobre la diligencia*, citamos la de Proverbios 6:6-8: "Ve a la hormiga, oh pe-

---

25 Martínez, Op. Cit., p. 453.

rezoso. Mira sus caminos, y sé sabio; la cual no teniendo capitán, ni gobernador, ni señor, prepara en el verano su comida, y recoge en el tiempo de la siega su mantenimiento". (b) *Acerca de la sabiduría* se da la de Eclesiastés 9:14,15: "Una pequeña ciudad, y pocos hombres en ella; y viene contra ella un gran rey, y la asedia y levanta contra ella grandes baluartes; y se halla en ella un hombre pobre, sabio, el cual libra a la ciudad con su sabiduría; y nadie se acordaba de aquel hombre pobre". (c) *En cuanto a los conocimientos prácticos* se podría considerar Isaías 28:24-29. En este pasaje se describe el conocimiento que adquiere el hombre de parte de Dios, especialmente el agricultor, quien aprende a realizar todas las tareas de la manera más inteligente para adquirir los mejores resultados de su labor.

3. Parábolas del Nuevo Testamento. Casi todas las parábolas del Nuevo Testamento pertenecen al ministerio docente de nuestro Señor Jesucristo. Gran parte de sus enseñanzas se caracterizó por el acertado uso que hizo de esos recursos literarios, haciéndolo el Campeón de su peculiar estilo didáctico. Marcos indica que "con muchas parábolas les hablaba la palabra, conforme a lo que podían oír. Y sin parábolas no les hablaba; aunque a sus discípulos en particular les aclaraba todo" (Marcos 4:33,34). Sus sermones, discursos, cátedras, reprimendas, exhortaciones y mensajes proféticos abundaban en ilustraciones, mayormente basadas en parábolas. Las parábolas de Jesús pueden dividirse según el énfasis de cada una, tomando en consideración el momento en que fueron referidas.

a. Las de la llegada del reino de Dios. Varias parábolas anunciaban que el reino de Dios ya había llegado, lo cual se indica con las palabras "el reino de los cielos es semejante;" no dice: "será semejante". Parábolas de esta clase son las de Mateo 13:3, 24, 31-33; 20:1; 22:1.

b. Las de la vida cristiana. Las que denotan: salvación, como los tres casos de Lucas 15; oración, Lucas 18:9-14; obediencia a la Palabra de Dios, como la de las dos casas, Mateo 7:24-27; servicio, como en Mateo 21:28-31; amor a Cristo, como en Lucas 7:41,42; amor al prójimo, como la parábola del buen samaritano, Lucas 10:25-37; compromiso y pacto, como en la parábola de los talentos, Mateo 25:14-30.

c. Las del avance del reino de Dios en el mundo. Entre las parábolas que se refieren al avance evangelístico del reino de

Dios en el mundo sobresalen la de los cuatro suelos, conocida también como la parábola del sembrador de Mateo 13:3-8, la de la semilla de mostaza, 13:31,32; la de la levadura 13:33.

d. **Las del juicio venidero y eventos futuros.** Entre las parábolas relacionadas con el juicio venidero y con eventos escatológicos se pueden citar: la del trigo y la cizaña, Mateo 13:24-30; la red de pescar y las dos clases de peces de 13:47-50; los obreros de la viña y su recompensa, Mateo 20:1-16; los labradores malvados, Mateo 21:23-41; la fiesta de bodas, Mateo 22:1-14; el rico y Lázaro, Lucas 16:19-31; las diez vírgenes, Mateo 25:1-13.

B. La alegoría

1. Definición y diferencias entre alegoría y parábola. La alegoría, del griego *allegoría*, es una figura retórica que consta de una secuencia de metáforas, o parábolas, expresadas en forma de narración. La alegoría es muy parecida a la parábola, pero difiere de esta mayormente en que sus elementos representan personas, cosas o hechos específicos, en tanto que los de la parábola solamente representan personas o cosas de carácter espiritual o general. Otra diferencia que existe entre estas dos figuras consiste en que la alegoría está integrada por varios puntos de aplicación, mientras que la parábola tiene uno solo. Si comparamos, por ejemplo, la alegoría del buen pastor de Juan 10:1-16, con la parábola del hombre de las cien ovejas, al cual se le perdió una de Lucas 15:4-7. En la primera figuran varios elementos los cuales representan a varios personajes: La puerta representa a Jesús; el pastor también representa a Jesús; las ovejas representan a los creyentes; los que vinieron antes de Cristo representan al sistema judaico; y el asalariado representa al liderazgo religioso que trabaja solo por intereses personales. En cambio, en la segunda no se especifica a quiénes exactamente representan los elementos; todo se reduce a verdades espirituales generales.

2. Alegorías del Antiguo Testamento. Entre las alegorías que figuran en el Antiguo Testamento se pueden citar: (a) La de la corderita de 2 Samuel 12:1-13; (b) la del Salmo 23; (c) la de la vid de Egipto de Salmo 80:8-15; (d) la de la viña de Jehová de Isaías 5:1-7; (e) la de las águilas (Babilonia y Egipto) y la vid frondosa de Ezequiel 17; (f) la de las hermanas Ahola y Aholiba de Ezequiel 23.

3. Alegorías del Nuevo Testamento. En los escritos del Nuevo Testamento también se encuentra cierto número de importantes y muy significativas alegorías. Entre ellas mencionamos las siguientes: (a) La del buen pastor de Juan 10:1-16, en la que se da una variedad de elementos, entre los que sobresalen Jesús y su cuidado por los suyos, por quienes dio su vida; (b) la de la vid verdadera de Juan 15:1-6, en la se especifica que la vida espiritual de cada creyente viene de Jesús; (c) la alegoría de las edificaciones de 1 Corintios 3:10-15, en la que Pablo es el arquitecto, Jesús es el fundamento y cada cristiano es un edificador, cuya efectividad se verá en el día del juicio de los creyentes; (d) La alegoría de Agar y Sara de Gálatas 4:21-31, en la que Agar representa a los que viven bajo la esclavitud de la ley y cuya ciudad emblemática es la Jerusalén terrenal, en tanto que Sara es una representación de los que vivimos bajo la promesa divina, y cuya habitación eterna será la Nueva Jerusalén.

C. La fábula

La fábula es una figura retórica muy conocida en la literatura universal, de uso frecuente en los escritos atribuidos a Esopo y Samaniego. En la Biblia la fábula no se usó mucho; solo se pueden citar dos ejemplos. Sin embargo, merece ser analizada por todo intérprete bíblico. La fábula se presenta como la narración de un hecho histórico en el cual se usan cosas inanimadas o animales irracionales que hablan y actúan como si se tratara de seres humanos. La fábula hace uso de historias ficticias para referirse a enseñanzas de carácter moral o espiritual. Los apóstoles Pablo y Pedro se expresaron de manera negativa a las "fábulas profanas" (1 Timoteo 4:7), "fábulas judaicas" (Tito 1:14) y "fábulas artificiosas" (2 Pedro 1:16), porque se trataba de falsedades y enseñanzas erróneas propagadas por maestros falsos que andaban engañando a algunos cristianos negligentes con historietas e invenciones sin valor espiritual.

Los únicos ejemplos de fábulas bíblicas son: (a) la de Jotam, de Jueces 9:7-21, en la cual, como único sobreviviente de los hijos de Jerobaal o Gedeón, expresó su enojo contra los de Siquem porque estos eligieron como su rey a Abimelec, el hijo de una concubina de Gedeón. Abimelec había asesinado a sus 70 hermanastros, después de lo cual los siquemitas lo honraron haciéndolo rey de Siquem. En la fábula, Jotam se burla de la acción de los de dicho pueblo y les anuncia juicio por su maldad contra la descendencia de Gedeón. Después de eso, Jotam huyó para que Abimelec no lo matara. (b) La segunda fábula de la Biblia es la de Joás rey de Israel, dirigida a Amasías rey de Judá, en la cual Joás insulta y menosprecia al rey de Judá (2 Reyes 14:9,10).

Cuestionario de repaso
Octava Lección

1. ¿De dónde viene la palabra "hermenéutica" y qué significa?

2. ¿Cuáles son las dos clases de hermenéutica que existen?

3. ¿Qué relación existe entre la palabra "hermenéutica" y "Hermes"?

4. ¿Quiénes le aplicaban al Antiguo Testamento una hermenéutica de tipo "literal"?

5. ¿Quiénes fueron los judíos que adoptaron el método "alegórico" derivado de la filosofía de Platón?

6. Explique quiénes llevaron la metodología alegorista de Platón a Egipto, y diga quién fue Filón.

7. Describa brevemente a los tres filósofos alegoristas que tuvieron contacto, y de alguna manera afectaron la doctrina cristiana.

8. ¿Quiénes fueron los fundadores de la metodología gramático-histórica, a diferencia de la hermenéutica alegorista?

9. ¿A qué grupo pertenecieron Doroteo, Lucio, Diodoro de Tarso, Teodoro de Mopsuestia y Juan Crisóstomo?

10. La tercera escuela de interpretación fue la de Roma y el Occidente. Diga algo acerca de los cuatro principales intérpretes de esta escuela, Hilario de Arlés, Ambrosio de Milán, Jerónimo de Italia y Agustín de Hipona.

11. ¿Cuál fue la especialidad de Jerónimo de Italia, y cuál versión de la Biblia tradujo del hebreo y el griego al latín popular?

12. ¿En qué se distinguió Agustín de Hipona, qué estilo de interpretación heredó y qué doctrina estableció?

13. Describa brevemente los mil años de oscuridad e ignorancia de la Edad Media bajo el dominio católico romano.

14. Explique qué se entiende por "el Renacimiento" con el cual se dio inicio a la Reforma en Europa y las colonias.

15. Mencione a los cuatro hombres que tuvieron parte en el amplio movimiento de la Reforma cristiana de los siglos XIV y XV.

16. Durante los siglos XIX y XX surgieron varias escuelas modernistas de tendencia racionalista y liberal. Describa brevemente lo que enseñaron los siguientes intérpretes liberales:

Heidelberg

Strauss

Bauer

Los críticos Wellhausen y Schleirmacher

17. ¿Cómo define el Dr. José M. Martínez lo que se conoce como la nueva hermenéutica?

18. ¿Qué es la "desmitologización"?

19. ¿Quién fue el más representativo de la desmitologización?

20. ¿Qué dicen los intérpretes modernistas de los siglos pasados, y los que abundan hoy en las iglesias, y los púlpitos del mundo moderno, acerca de todos los milagros del Nuevo Testamento?

21. Según el Dr. Martínez, ¿Cómo justifican o defienden estos intérpretes modernistas la "desmitologización"?

22. ¿Cómo respondemos nosotros a estos estilos modernos de interpretación, de acuerdo con el apóstol Pablo y el autor de Hebreos?

23. Anote la primera regla de la hermenéutica.

24. Anote la segunda regla de la hermenéutica.

25. El Dr. Martin presenta la figura de seis círculos concéntricos para ilustrar las distintas escalas del contexto de una palabra de la Biblia. Mencione, no solo seis sino siete escalas.

26. Mencione los tres tipos o géneros de literatura que contiene la Biblia.

27. Según la cuarta regla se debe buscar los pasajes paralelos a fin de aclarar el sentido de lo que se quiere interpretar. Explique qué son y para qué sirven los paralelos.

28. ¿Cuántas clases de paralelos hay en las Escrituras?

29. Explique en qué consisten los "paralelos de ideas".

30. ¿Qué otro nombre se les da a las figuras de retórica que encontramos en las Sagradas Escrituras?

31. ¿Qué significa y para qué sirve el "símil"?

32. ¿Qué significa y en qué consiste la "metáfora"?

33. Hay figuras del lenguaje que expresan redundancia y exageración entre ellas el pleonasmo. Explique en qué consiste este.

34. ¿Qué significa y para qué sirve la "hipérbole"?

35. ¿Cuál es el significado de la palabra "sinécdoque", y para qué sirve esta figura retórica?

36. Explique qué significa la palabra "metonimia" y para qué sirve esta figura.

37. ¿Qué es y para qué sirve la "ironía"? Cite dos ejemplos bíblicos.

38. ¿Qué es y para qué sirve la "paradoja"?

39. Explique qué significa la palabra "paradoja", diga para qué sirven las paradojas y cite algunos ejemplos.

40. ¿En qué consiste la figura retórica de "personificación"? Dé algunos ejemplos de esta figura.

_____

_____

41. Explique qué es la "prosopopeya" y diga para qué sirve. Cite algunos ejemplos de esta figura.

_____

_____

42. La "parábola" es una figura compuesta o extensa. ¿En qué consiste esta figura? Cite algunos ejemplos.

_____

_____

43. Cite los ejemplos que aparecen de las parábolas del Antiguo Testamento.

_____

_____

44. ¿Por qué se dice que casi todas las parábolas del Nuevo Testamento pertenecen al ministerio docente de nuestro Señor Jesucristo?

_____

_____

45. ¿Cómo se pueden dividir las parábolas de Jesús?

(a) _____

(b) _____

(c) _____

(d) _____

46. ¿Cuál es la diferencia entre alegoría y parábola?

_____

47. ¿Qué alegorías aparecen en el Antiguo Testamento?

_____

48. ¿Qué alegorías son mencionadas en el Nuevo Testamento?

49. ¿Qué es la fábula?

50. ¿Por qué hace uso de historias ficticias la fábula?

51. ¿Cuáles son los únicos ejemplos de fábulas que aparecen en la Biblia?

Novena Lección

Métodos de investigación y realización literaria

INTRODUCCIÓN

Investigar es una de las actividades que todo ser humano ejecuta desde el momento en que nace hasta cuando tiene que abandonar este mundo. Esta declaración se sustenta en la innegable realidad de que el bebé tan pronto como abre sus ojos a la luz de este mundo, sin que él tenga plena conciencia de ello, empieza su interminable misión de búsqueda y descubrimientos en la vida. Su primer proceso de investigación lo condujo al primer descubrimiento: encontró, por primera vez, algo de donde succionar la dulce y nutritiva leche materna que le basta para subsistir, por lo menos, por el momento. Así es como la persona inicia la interesante aventura de su vida; y así seguirá, entre búsqueda, investigación y descubrimientos a lo largo de su existencia. Ya en el transcurso de los años, con el ir y venir de diversas experiencias y necesidades, el individuo se encontrará en rutas y veredas por las cuales lo llevarán las exigencias de su vida.

Una de esas necesidades tendrá que ver con el proceso continuo de su educación. Se enfrentará a los distintos desafíos de su formación, como ser humano y como miembro de una sociedad que, tarde o temprano habrá de escalar peldaños y conquistar nuevos campos para ser mejor y triunfar en la vida. En este capítulo de la serie de *recursos preliminares para la recuperación académica ministerial* ponemos a la disposición de los educandos un cúmulo de consejos e ideas relacionados con la constante y fructífera misión de investigar. Estar consciente del qué, cómo y por qué investigar; igual que saber cómo fomentar los hábitos y métodos de la investigación son ingredientes indispensables para el éxito de todos los que anhelan aprender más para ser mejores. Otro aspecto interesante de este capítulo es el señalamiento de algunos de los pasos necesarios para la realización literaria de los estudiantes que deseen incursionar por los senderos de las letras. Escribir es una de las formas de expresar lo aprendido y cultivado en el proceso de

la formación. Todos debiéramos aspirar con ansias plasmar en blanco
y negro algo de lo que hemos adquirido. ¡Los beneficios son incal-
culables, y las bendiciones imposibles de describir!

I. ¿QUÉ, POR QUÉ, DÓNDE Y CÓMO INVESTIGAR?

A partir de la experiencia del recién nacido, y pasando por todas las
etapas y circunstancias del ser humano, son innumerables las razones
por las que la persona tiene que vivir en constante investigación. Esto
es así porque el que no investiga está destinado a ignorar muchas cosas,
y a descuidar quizás las mejores. Sin embargo, persiguiendo el fin que
nos proponemos en este curso, tenemos que limitarnos a las necesidades
y experiencias de los estudiantes ministeriales.

A. ¿Qué necesita investigar el que se prepara para el ministerio cristiano?

Los campos del quehacer bíblico-ministerial tienen que ver con
Biblia, religión, teología, filosofía, sicología, sociología, antropología,
historia geografía universal, historia geográfica del mundo bíblico, los
distintos lenguajes bíblicos antiguos, educación general, educación
cristiana, evangelización, cuidado pastoral, organización eclesial,
relaciones humanas, etcétera.

¿Qué diferencia hay entre el estudio y la investigación? En
cierto modo, estudiar es investigar e investigar es estudiar; o, por
lo menos, así debiera ser. Sin embargo, debido a que gran parte del
proceso educativo suele darse siguiendo los métodos de aprendizaje
pasivo, los estudiantes esperan que sean sus maestros quienes hagan
la investigación y luego la compartan con ellos. Pero los educadores
que prefieren los modelos más activos de aprendizaje; y mucho más
los modelos interactivos, asignan muchas tareas de investigación
para que los educandos sean unos verdaderos descubridores. Si nos
proponemos optar por estas nuevas modalidades, entonces estudio
e investigación serán sinónimos, y será el segundo un complemento
indispensable del primero.

B. ¿Por qué debe todo estudiante ser un incansable investigador?

1.Porque el que no investiga se limita a recibir de segunda mano toda la información que se maneja en el mundo de su educación. Lo peor que se puede escuchar de labios de un estudiante pasivo; es decir, de alguien que espera que se le dé todo "dado y servido" son las siguientes: "¿Para qué he de esforzarme y gastar mi tiempo en averiguar las cosas que estoy estudiando, si ya hay libros escritos sobre esos temas?". ¿Por qué tengo yo que descubrir el contenido del curso que se me está dando, si para eso tengo un maestro que ya estudió y puede seguir estudiando todas esas cosas; al fin y al cabo, para eso son los maestro, no?". "Y si yo hago la investigación y descubro las verdades acerca de cada tema, ¿para qué tengo que asistir a clase?"

2. Porque toda persona que se prepara para el ministerio cristiano debe dejar de depender de otros y luchar por sus propios esfuerzos. Los estudiantes que investigan son personas que están escalando los peldaños de la madurez emocional e intelectual. De la *dependencia* están pasando a la *independencia*, para luego llegar a la *interdependencia* en el proceso de enseñanza-aprendizaje, y del desarrollo de la personalidad.[26]

C. ¿Dónde realizan sus investigaciones los estudiantes ministeriales?

1. Bibliotecas institucionales y de iglesias. Los asuntos mencionados arriba se pueden hallar en bibliotecas de institutos y seminarios bíblicos y en la mayoría de bibliotecas públicas y algunas privadas. Muchas iglesias grandes también tienen bibliotecas a las cuales se puede acudir si se hacen los arreglos correspondientes. Las instituciones y oficinas de programas de estudios ministeriales deben proveer orientación a sus estudiantes para que sepan dónde encontrar recursos de investigación.

2. Bibliotecas privadas y personales. Todo estudiante ministerial debe esforzarse por adquirir una mínima biblioteca para su uso personal y para compartirla con otros compañeros. Entre las obras esenciales de una biblioteca básica se pueden mencionar las siguientes:

a. Biblias de varias versiones

b. Diccionarios bíblicos de distintas editoriales

c. Concordancias de la Biblia de distintas versiones

d. Comentarios bíblicos de distintas orientaciones teológicas

---

26 Stephen R. Covey, Op. Cit., p. 257.

e. Concordancias de las Sagradas Escrituras
f. Geografías bíblicas y mapas del mundo bíblico y de los continentes
g. Diccionarios teológicos de distintas editoriales
h. Diccionarios de la lengua española, de las más recientes ediciones
i. Ejemplares de los libros de texto de todos los cursos del plan
j. Libros de teología de las distintas ramas y distintos credos
k. Libros de historia universal y de la iglesia cristiana
l. Libros sobre educación, pedagogía, sicología, sociología y filosofía
m. Libros sobre las distintas creencias y sectas religiosas
n. Enciclopedias de las ciencias y de distintos campos seculares
ñ. Libros sobre todas las ramas del saber humano
o. Revistas y periódicos de actualidad
p. Publicaciones periódicas de las distintas editoriales

D. ¿Cómo se clasifican los libros en una biblioteca pública?

Cada biblioteca adopta su propio sistema para la clasificación de los libros, obras y recursos que posee. Todo estudiante investigador debe percatarse de esos detalles antes de proceder a seleccionar los libros que le interesen para su investigación.

En esta sección se incluyen algunas adaptaciones de la información planteada por la Licenciada Martha Saint de Berberián.[27] De acuerdo con esta educadora, uno de los modelos de clasificación más comunes es el que se conoce como "Sistema Decimal de Dewey". Melvil Dewey fue el bibliotecario norteamericano que fundó en 1876 la Asociación Americana de Bibliotecas, y quien posteriormente llegó a ser el bibliotecario principal de la Universidad de Columbia en 1883. Más tarde, en 1887, estableció la primera escuela bibliotecaria. Finalmente, Dewey fue director de la biblioteca del estado de Nueva York entre los años 1889 y 1906.

1. El sistema decimal de Dewey establece las diez siguientes divisiones y subdivisiones:

---

27 Lic. Martha Saint de Berberián, Técnicas de Investigación, (Guatemala: Ediciones Sa-Ber, 2006). p. 17.

000 Obras generales

010 Bibliografía, 020 Biblioteconomía, 030 Enciclopedias, 040 Ensayos, 050 Publicaciones periódicas, 060 Sociedades y museos, 070 Periodismo y periódicos, 080 Poligrafía y bibliotecas especiales, 090 Libros raros.

100 Filosofía

110 Metafísica, 120 Temas particulares de metafísica, 130 Mente y cuerpo, 140 Sistemas filosóficos, 150 Sicología, 160 Lógica y dialéctica, 170 Ética, 180 Filósofos antiguos, 190 Filósofos modernos.

200 Religión

210 Teología natural, 220 Biblia, 230 Teología dogmática, 240 Prácticas religiosas, 250 Homilética, 260 Iglesias: instrucciones, obras, 270 Historia general de la Iglesia, 280 Iglesias y sectas cristianas, 290 Religiones no cristianas.

300 Ciencias sociales

310 Estadística, 320 Ciencias políticas, 330 Economía y economía política, 340 Derecho, 350 Administración, 360 Asociaciones e instituciones, 370 Educación, 380 Comercio y comunicaciones, 390 Costumbres y folklore.

400 Filología

410 Filología comparada, 420 Lengua inglesa, 430 Lengua alemana, 440 Lengua francesa, 450 Lengua italiana, 460 Lengua española, 470 Lengua latina, 480 Lengua griega, 490 Otras lenguas.

500 Ciencias puras

510 Matemática, 520 Astronomía, 530 Física, 540 Química, 550 Geología, 560 Paleontología, 570 Biología y etnología, 580 Botánica, 590 Zoología.

600 Ciencias aplicadas

610 Medicina, 620 Ingeniería, 630 Agricultura, 640 Economía doméstica, 650 Comunicaciones y negocios, 660 Tecnología química, 670 Manufacturas, 680 Industrias mecánicas, 690 Construcción.

700 Bellas artes

710 Paisaje y jardinería, 720 Arquitectura, 730 Escultura, 740 Dibujo y decoración, 750 Pintura, 760 Grabado, 770 Fotografía, 780 Música, 790 Pasatiempos y juegos.

800 Literatura

810 Literatura americana, 820 Literatura inglesa, 830 Literatura alemana, 840 Literatura francesa, 850 Literatura italiana, 860 Literatura española, 870 Literatura latina, 880 Literatura griega, 890 Literaturas en otras lenguas.

900 Historia

910 Geografía y viajes, 920 Biografía, 930 Historia antigua, 940 Europa, 950 Asia, 960 África, 970 América del norte, 980 América del sur, 990 Oceanía y regiones polares.

2. Otros sistemas mencionados por la Licenciada Saint de Berberián, utilizados en varias bibliotecas:

Biblioteca del Congreso de los Estados Unidos:

A – Obras generales, B – Filosofía y religión, C – Historia universal, D – Historia extranjera, E – Historia de los Estados Unidos, F – Geografía y antropología, G – Ciencias sociales, H – Ciencias políticas, I - Leyes, J – Educación, K – Música, L – Bellas artes, M – Lenguaje y literatura, N – Ciencia, O – Medicina, P – Agricultura, Q – Tecnología, R – Ciencia militar, S – Ciencia naval, T – Bibliografía y bibliotecología.

Sistema Decimal Universal

0 – Generalidades, 1 – Filosofía, 2 – Religión y teología, 3 – Ciencias sociales, 4 – Matemáticas, 5 – Ciencias naturales, 6 – Ciencias

aplicadas, medicina, técnica, 7 – Arte, arquitectura, fotografía, música, juegos, deportes, 8 – Lingüística, Filología, Literatura, 9 – Geografía, biografía, historia.

II. HÁBITOS Y MÉTODOS DE INVESTIGACIÓN

Como todos los demás campos del saber humano, la investigación es un quehacer que requiere de cierto entrenamiento y de técnicas que faciliten dicha disciplina a fin de hacerlo todo con más eficacia y aprovechamiento.

A. Hábitos que pueden facilitar y hacer más útil la lectura de un libro o una obra escrita:

Del valioso material preparado por el Dr. Ildefonso Caraballo estamos adaptando algunas de las recomendaciones que él hace a los estudiantes sobre el mejor manejo de un libro:[28]

1. Leer con un propósito definido: reafirmar lo aprendido previamente, contestar un examen, estudiar para un examen, preparar un bosquejo, preparar un resumen, tomar notas para usarlas posteriormente, o, simplemente ser edificado con la lectura.

2. Localizar en la tabla de contenido el tema a estudiar.

3. Prepararse mentalmente antes de empezar a leer el libro.

4. Dar una lectura general al material de estudio en silencio para tener una idea general de lo que trata la obra.

5. Repetir la lectura por partes, es decir, por párrafos. Se recomienda: subrayar las ideas principales, buscar en diccionarios las palabras difíciles o desconocidas que vayan surgiendo en la lectura, marcar las ideas que provoquen dudas o requieran más información, hacer anotaciones al margen o al pie de la página, hacer anotaciones en una libreta para uso futuro.

6. Pensar y reflexionar sobre el material leído.

7. Explicar a otros con sus propias palabras lo que ha aprendido de la lectura. Eso afirma el conocimiento.

8. Esforzarse por memorizar y recordar lo que realmente es indispensable e importante de lo leído y lo demás mantenerlo a buen recaudo.

---

28 Dr. Ildefonso Caraballo, Apuntes para el Curso Técnicas de Investigación, 2004.

B. Preparación y uso de resúmenes de libros, obras o cualquier material escrito. (Adaptación de recursos del Dr. Carballo):

1. Leer el material en su totalidad, para obtener la idea central y las ideas secundarias del mismo.

2. Subrayar la idea central en cada párrafo.

3. Expresar en el resumen solamente, y en forma concisa, el material que se quiere incluir.

4. Eliminar los ejemplos, las aclaraciones, ilustraciones, subdivisiones y otras partes del material que no se quiere incluir en el resumen.

5. Se recomienda que el número de palabras de un resumen sea la décima parte del contenido del material que se está resumiendo.

6. El resumen debe mantener las ideas originales y esenciales del material, sin añadirle nuevas ideas y usando las palabras del autor de la obra. El resumen debe tener unidad, coherencia, orden y sentido.

C. ¿Para qué sirven los resúmenes?

1. Los resúmenes ejercitan la capacidad de sintetizar.

2. Los resúmenes conllevan una continuidad encadenada.

3. Un resumen le permite al lector recordar la obra en general.

4. El resumen requiere atención selectiva y clasificadora, para que las notas estimulen, dirijan y canalicen el proceso de aprendizaje.

D. ¿Qué es y para qué sirve un bosquejo?

1. Descripción de un bosquejo. El diccionario *Larousse* define un bosquejo como un esquema que presenta los rasgos principales de una obra literaria o artística. Bosquejar es trazar con temas, títulos, subtítulos, divisiones y subdivisiones las partes estructurales de una obra, una composición o un mensaje. Se puede ilustrar la estructura de un bosquejo con el esqueleto de un cuerpo humano, o con el plano de una construcción. En un bosquejo no se dan los detalles o las partes específicas de discurso o una obra escrita. Solo se presentan las partes principales del tratado, pero con suficiente información sobre cada aspecto general del contenido del mismo.

2. Beneficios que ofrece un bosquejo. El bosquejo sirve para conservar y presentar de manera sintética las partes de un tratado, libro o mensaje. El escritor se vale de bosquejos para establecer y fijar el contenido de las partes de cada capítulo del trabajo que quiere escribir,

y los temas o títulos del bosquejo general de su libro, ensayo o tesis. Al predicador u orador, el bosquejo le sirve para mantener a la vista y a la mano el esqueleto del tema que se propone desarrollar. Sin un bosquejo, tanto un escritor como el orador se sentirán inseguros de la manera en que habrán de desarrollar su plan.

3. Consejos para la elaboración de un bosquejo: (a) Se debe dividir el tratado, mensaje o libro en tantas partes principales como sean necesarias. (b) Establecer y anotar las divisiones y subdivisiones de la obra o el mensaje. (c) Las subdivisiones deben pertenecer a cada división principal, y las divisiones principales deben cubrir las ideas que se quieren presentar en la obra o el mensaje general.

E. ¿Cuántos modelos de bosquejos se usan con más frecuencia?

1.Modelo de números y letras:

I.

    A.

        1.

            a.

                (1)

                    (a)

2. Modelo numérico decimal:

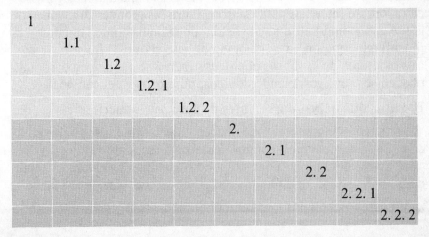

1

  1.1

    1.2

      1.2. 1

        1.2. 2

          2.

            2. 1

              2. 2

                2. 2. 1

                  2. 2. 2

III. IDEAS BÁSICAS PARA INICIAR EL QUEHACER LITERARIO

A. Reconocer la variedad de trabajos escritos que pueden darse

1. La monografía. (a) ¿Qué significa el término? La palabra "monografía" se compone de dos palabras griegas: *mono*, uno, y *grafo*, escritura. Con este término se designa un escrito en el cual se describe un solo tema y no es demasiado largo. (b) ¿En qué consiste? De acuerdo con la Licenciada María Teresa Forero, "una monografía no es una mera acumulación de datos sino que se caracteriza por la selección de la información, el análisis de la misma y las conclusiones personales".[29] (c) La extensión de una monografía depende del nivel académico cuyas exigencias se propone satisfacer, o la importancia del tema que trata. (d) El tema de la monografía no debe ser tan abarcador, pues su extensión y alcance no se prestan para mucho.

2. La tesis. Este término viene del griego *thésis*, cuyos primeros sentidos son: "opinión", "proposición" y "argumento". En círculos académicos, la tesis es un trabajo de investigación que se presenta para obtener un título universitario a nivel de licenciatura, maestría o doctorado. El tema o argumento de una tesis, así como la extensión y los parámetros de la misma son designados al candidato por la facultad de la institución en la que estudia.

3. El libro. Un libro es un tratado o una obra escrita más o menos extensa, dependiendo del propósito de la misma. Existe una inmensa variedad de libros en el mundo así como existe una inmensa variedad de razones e intereses para escribir. Entre las grandes divisiones de la literatura mundial se puede hablar de campos como la historia, la filosofía, la religión, la ciencia, la política, el arte, la ficción y otros. Los objetivos de los libros que se escriben y se venden en el mundo pueden ser comerciales, ideológicos, religiosos y educacionales.

B. Pasos que deben darse antes de empezar a escribir

1. Lo primero que algunos hacen es echar a andar su imaginación. Todo acto se piensa antes de hacerlo realidad: (a) Primero, el posible escritor empieza construyendo "castillos en el aire", "sueña despierto", piensa insistentemente en poner sus ideas en "blanco y

---

29 María Teresa Forero, Cómo escribir correctamente, Técnicas de comunicación escrita, Latinbooks International, Montevideo, Uruguay, 2006, p. 94.

negro", pero no está seguro de nada. (b) Como ejercicio inicial se da a la tarea de leer y concretar un buen caudal de conocimientos sobre lo que sueña escribir. (c) Luego empieza a hablar del asunto con otros y a observar las distintas reacciones de los que lo oyen.

2. La siguiente fase en la vida del que sueña con escribir un libro es preguntarse qué escribir. A menos que tenga una idea fija y dominante, el virtual escritor da por hacer una lista, por lo menos mental, de los posibles temas o asuntos que podrían interesarle en su aventura de escribir un libro. Si se trata de una persona que ha realizado estudios serios, con énfasis en alguna rama del saber humano, es probable que le interese algo en particular. (a) Un estudiante bíblico ministerial, por ejemplo, quizás quisiera escribir sobre un asunto de carácter histórico de la Biblia, un milagro que ha impactado su vida, o acerca de un punto doctrinal relacionado con la vida cristiana. (b) Alguien inclinado a lo sentimental podría interesarse en describir algunos aspectos de su noviazgo, o su relación con su pareja conyugal. (c) Otro, de mente más creativa, tal vez quiera incursionar por el mundo de la ficción. El género literario conocido como "ficción" consiste en crear cuadros imaginativos para agradar a sus lectores, pero sin la intención de establecer postulados ni presentar argumentos que reclamen veracidad o que se basen en la realidad.

3. ¿Desea escribir ficción o realidad? Estas son las dos grandes divisiones de la literatura, por lo tanto, es opción del posible escritor escoger por cuál de estos dos senderos desea incursionar. Definiciones de "ficción": La Dra. María Moliner, en su *Diccionario de Uso del Español*", explica que la palabra "ficción" viene de los términos latinos *fictio* y *onis*, que significan "acción de simular", "algo inventado", "cosa imaginada"[30]. El escritor de ficción tiene la libertad que le otorga este género literario de escribir lo que piensa, sin verse obligado a aportar pruebas o dar evidencia de lo que escribe. La mente creativa del que escribe ficción se deleita en comunicar a sus lectores cuadros y situaciones que, aunque contienen ideas reales, las mismas solo son producto de su imaginación. Ejemplos de esta literatura son las novelas y las composiciones ficticias.

4. En cambio, el escritor de asuntos reales tiene que dedicar tiempo a todo un proceso de investigación, y encontrar elementos de información comprobada. Existen varios tipos de información

30 María Moliner, Diccionario de uso del Español, Madrid, España, Editorial Gredos, 2007.

escrita, como la narración de hechos históricos o incidentes reales, la descripción de datos concretos, el comentario de temas y asuntos relacionados con la fe o la exposición de reglas, normas o consejos para la edificación del lector.

C. Algo sobre las distintas clases de literatura cristiana 1.La descripción. De acuerdo con el Profesor Vivaldi, "todo el que escribe se enfrenta alguna vez con el problema descriptivo. Tan importante es esta materia que se ha dicho, con razón, que la descripción es la piedra de toque de los buenos escritores. El que describe algo debe provocar en la imaginación del lector una experiencia equivalente a la impresión sensible. Describir es conseguir que se vea algo. Describir es pintar un cuadro".[31] El escritor debe percatarse de la importancia del elemento descriptivo en su composición literaria, cualquiera que sea el género de la misma. De ahí la urgencia de que reconozca, como lo señala el citado autor: "No solo se describe lo material, lo físico, lo externo; también puede ser objeto de una correcta descripción lo espiritual, lo síquico y lo interno".[32]

Tomando en cuenta este detalle, debemos señalar que existen dos clases de descripción: (a) La descripción técnica consiste en dar a conocer un objeto: su naturaleza, sus partes y los usos para los cuales ha sido hecho, como es el caso de la descripción de un automóvil. (b) La descripción literaria, la cual tiene como propósito provocar en el lector una impresión o un sentimiento de carácter intelectual o espiritual, como la descripción de un milagro o una verdad de tipo doctrinal. Refiriéndose a la calidad de esta clase de escrito, el Dr. Jorge Cotos dice: "Una buena descripción debe provocar en nosotros la grata sensación de estar viendo nítidamente las personas y las cosas que se describen".[33] Agrega este autor que el que escribe describiendo algo debe señalar la ubicación del objeto, mencionar el lugar. Si puede, describa el tamaño, la forma, los colores y los rasgos principales del mismo.[34]

2. La narración. El arte de narrar consiste en decir, de palabra o por escrito, algo que ha sucedido. El Dr. Vivaldi señala que "en nuestra vida diaria todos solemos actuar como narradores. En el habla corriente y popular casi todo es una constante narración. Se cuenta a alguien el argumento de una película; se dice lo que nos

---

31 Gonzalo Martín Vivaldi, Curso de Redacción, del Pensamiento a la Palabra, (Madrid, España: Paraninfo, 1986). p. 296.
32 Ibid. p. 297.
33 Jorge Cotos, Gramática Castellana, Adaptada para el Estudio Bíblico, (Barcelona, España: Editorial Clíe). p. 193.
34 Ibid. P. 194.

ha sucedido; se dice en casa cómo fue la extracción de una muela; narramos, con más o menos detalles, cómo nos fue en el viaje que acabamos de realizar".[35]

Hay personas que por naturaleza son unos narradores amenos y eficientes. Otros tenemos que aprender a narrar, ya sea en cursos de pedagogía, o en la vida real, imitando a otros que lo hacen muy bien. Por eso, se dice, con justa razón, que "el narrador nace y se hace". Pero se debe destacar aquí que el escritor narrador tiene que someterse a ciertas normas relacionadas con su trabajo las cuales difieren del que narra a sus amigos de manera verbal todas sus experiencias. (a) ¡Cuidado con lo que se escribe! Se debe tener mucho cuidado con el uso de las palabras, pues quedarán impresas de manera más permanente que las que se usan verbalmente. (b) Reducir, no ampliar. En la narración, así como en los demás modelos de escritura es mejor reducir que ampliar. Muchas veces el que escribe más dice menos. Así como el hablar mucho da lugar a muchas fallas, el que escribe más tiende a fallar más.

3. El comentario en general. Comentar es algo que todos los humanos hacemos, debido a nuestra naturaleza y la tendencia a estar siempre hablando de algo. Comentar es reflexionar, es pensar en voz alta. Son incontables los temas que se comentan entre amigos, familiares y hasta entre extraños. En la iglesia, una de las actividades más comunes es comentar: a favor o contra de algo, para entablar amistad o para evitarla, para elogiar a alguien o para denigrarlo. Un comentario puede ser negativo o positivo, puede servir para fomentar más ideas buenas, si procede de buenas intenciones, o para sembrar odio y rencor, si las intenciones son malas.

Sin lugar a dudas, el comentario será el tipo de material que cualquier escritor, por menos capacitado que sea, va a escoger para dar sus primeros pasos en la aventura de escribir. Aun si se trata de un inexperto, o de uno que jamás ha puesto sus pensamientos en blanco y negro hallará en el comentario un campo familiar y propicio para empezar. Una de las razones para pensar de esa manera puede ser la flexibilidad y ausencia de rigidez normativa que caracteriza la escritura de comentario. Vivaldi dice lo siguiente al respecto: "En el comentario, a diferencia de lo que sucede en la descripción, la

35 Gonzalo M. Vivialdi, Op. Cit., p. 378.

narración y otros géneros literarios, no hay reglas taxativas. No se puede hablar de un orden específico en la redacción del comentario. El escritor goza de más libertad".[36] No obstante, otros profesionales recomiendan que los escritores de comentarios siempre procuren seguir cierto orden, a fin de dejar en la mente de sus lectores el mejor sentido posible de lo que se está comunicando. Por ejemplo, se sugiere que (a) todo comentario empiece por establecer un tema, (b) luego que se presenten las distintas piezas o componentes de lo que se está planteando, (c) que se analicen los argumentos, a favor o en contra del tema que se comenta, y (d) se presente al lector una serie de soluciones, señalando entre ellas la que el autor prefiere.

4. El comentario bíblico y teológico. Uno de los campos más extensos en el quehacer literario, en el cual han laborado miles de siervos y siervas de Dios, es el género conocido como comentario bíblico. A través de los siglos, dentro del pueblo de Dios de todos los tiempos y especialmente dentro de la iglesia cristiana, una pléyade de escritores se ha levantado para dar a conocer sus ideas por medio de toda clase de comentarios. Como lo indicamos anteriormente, algunos comentarios han sido y siguen siendo de bendición e inspiración para la cristiandad, pero también ha habido gente que ha escrito para oponerse a las enseñanzas de la Palabra de Dios. Entre los comentaristas bíblicos ha habido teólogos y educadores que han fortalecido la fe de los cristianos; sin embargo, otros han hecho lo contrario.

En línea con los propósitos de este libro, queremos expresar nuestros más fervientes anhelos porque el Señor llame, capacite y dirija a muchos de nuestros lectores para que participen en esta labor literaria. Si en algún campo pueden cosechar muchos frutos y alcanzar el éxito que anhelan será la rama del comentario bíblico. Siempre habrá corazones sedientos de Dios y ansiosos por nutrirse con buena literatura cristiana. Cada uno debe empezar en el nivel en que está, y de allí ascender un peldaño a la vez, hasta ver coronados sus esfuerzos los cuales habrán de dedicarse a la gloria de Dios.

---

36 Gonzalo M. Vivaldi, Op. Cit., p. 368.

Cuestionario de repaso
Novena Lección

1. ¿En qué momento empieza a usar la investigación el ser humano?

_____

2. Enumere los campos que necesita investigar el que se prepara para el ministerio cristiano.

_____

3. ¿Qué diferencia hay entre el estudio y la investigación?

_____

4. Haga un resumen de las dos razones por las que todo estudiante debe ser un incansable investigador.

(a) _____

(b) _____

5. ¿Dónde realizan sus investigaciones los estudiantes ministeriales?

(a) _____

(b) _____

6. Mencione las obras esenciales de una biblioteca.

_____

7. ¿Cómo se clasifican los libros en una biblioteca pública? Anote las diez divisiones del sistema decimal de Dewey.

_____

_____

8. Describa brevemente los sistemas mencionados por la licenciada Saint de Berberián.

A. _____

B. _____

C. _____

D. _____

E. _____

F. _____

G. _____

H. _____

I. _____

J. _____

K. _____

L. _____

M. _____

N. _____

O. _____

P. _____

Q. _____

R. _____

S. _____

9. Anote brevemente las ocho recomendaciones que el Dr. Caraballo da a los estudiantes sobre el mejor manejo de un libro.

1. _____

2. _____

3. _____

4. _____

5. _____

6. _____

7. _____

8. _____

10. Abrevie las seis recomendaciones que da el Dr. Caraballo como preparación para la elaborar el resumen de un libro.

1. _____

2. _____

3. _____

4. _____

5. _____

6. _____

11. ¿Para qué sirven los resúmenes?

_____

_____

_____

12. ¿Qué es un bosquejo?

_____

13. ¿Cuáles son los beneficios que ofrece un bosquejo?

14. Mencione los consejos que se deben tomar en cuenta en la elaboración de un bosquejo.

_____

_____

_____

_____

15. ¿Qué significa la palabra monografía?

_____

_____

16. ¿En qué consiste una monografía?

_____

_____

17. ¿De dónde viene y qué significa la palabra tesis?

_____

_____

18. ¿Qué es un libro?

_____

_____

19. Mencione los campos de los que se puede hablar entre las grandes divisiones de la literatura mundial.

_____

_____

20. Resuma brevemente los cuatro pasos que se deben dar antes de empezar a escribir un libro.

1. _____

2. _____

3. _____

4. _____

21. Con relación a las distintas clases de literatura cristiana, se habla primeramente de la "descripción". Explique cuáles son las dos clases de descripción que existen.

(a) _____

_____

_____

(b) _____

_____

22. ¿En qué consiste la narración?

_____

_____

23. ¿Qué se entiende por comentario?

_____

_____

_____

24. ¿Por qué se dice que en el comentario a diferencia de lo que sucede en la descripción, la narración y otros géneros literarios, no hay reglas taxativas?

_____

_____

_____

25. ¿Qué recomiendan algunos profesionales a los escritores de comentarios, a pesar de que no haya reglas taxativas o que establezcan límites o que precisen su escritura?

(a) _____

_____

(b) _____

_____

(c) _____

_____

(d) _____

_____

26. Explique brevemente en qué consiste el comentario bíblico y teológico.

_____

_____

_____

_____

_____

_____

_____

_____

Conclusión

Este recorrido técnico nos ha llevado por el sendero del reconocimiento y la recuperación de recursos que tuvimos al alcance durante el transcurso de nuestra vida escolar. En esos dorados tiempos aprendimos a leer y escribir y tuvimos que asistir a alguna escuela, en la que, como niños, adquirimos ciertas habilidades y disfrutamos diversas experiencias. Si fuimos niños, adolescentes y jóvenes aplicados al aprendizaje y nos esforzamos en seguir cultivando tales destrezas, ahora, sin duda, estamos haciendo uso de lo positivo de todas ellas. Pero si, por el contrario, no prestamos la atención necesaria a nuestros maestros y profesores o si, con el correr del tiempo dejamos que se apagaran en nosotros las pequeñas luces del saber, lo más probable es que estemos añorando los tiempos del inicio de nuestro desarrollo, o quizás lamentando la fuga o ausencia de los elementos básicos de nuestra formación intelectual.

Sin embargo, nunca es demasiado tarde para seguir aprendiendo y fomentando en nuestra conciencia lo mejor de la doble tarea de enseñanza-aprendizaje. Como ya los lectores se habrán dado cuenta, la intención de este curso de recuperación académica ha sido hacer volver a los lectores a sus tiempos de formación intelectual. No es que estemos subestimando los conocimientos y las experiencias con los que están realizando sus tareas de aula y púlpito quienes se enfrentan a ellas. Lo que nos proponemos, con este y con todos los recursos que como escritores y publicadores estamos ofreciendo al mundo hispano hablante es hacer más fácil la tarea de capacitar a los que se ocupan de los quehaceres ministeriales.

En algunos centros de formación bíblica ministerial, paulatinamente se irá adoptando este curso como de los iniciales, debido a su contenido con un pronunciado interés de ayudar a los estudiantes a recuperar hábitos y habilidades de carácter escolar. Los que así lo hagan descubrirán que nunca es tarde para volver a abrir los pozos del saber humano y sacar el agua que una vez refrescó las áridas tierras de nuestro pensamiento. Si usted, estimado lector, leyó este libro por su propia iniciativa, aplique a su vida diaria, como estudioso, las ideas y los consejos que en el mismo se transmiten.

Bibliografía

Arthur Kay, *How to Study your Bible Precept upon Precept*, (Eugene, Oregon: Harvest House Publishers, 2001).

Braga James, *Cómo Preparar Mensajes Bíblicos* (Grand Rapids, Michigan: Editorial Portavoz, 1986).

Chastain Emma, *How to Write a Research Paper*, (New York, NY: Spark Publishing Co., 2008).

Cotos Jorge, *Gramática Castellana Adaptada Para el Estudio Bíblico*, (Barcelona, España: Editorial Clie, 2006).

Forero María Teresa, *Cómo Leer Velozmente y Recordar Mejor*, (Montevideo, Uruguay: Latinbooks International, S. A., 2006).

Groome Thomas H., *Christian Religious Education Sharing Our Story and Vision,* (San Francisco, CA.: Harper & Row, Publishers, 1980).

Higbee Kenneth L., *Your memory How it Works and How to Improve It*, (New York, NY: (Marlowe & Company, 2001).

Hoz García Víctor, *Diccionario de Pedagogía*, (Barcelona, España: Editorial Labor, S. A., 1974).

Glenn Leggett, *Handbook for Writers*, (Englewood Cliffs, NJ: Printice-Hall, Inc, 1984).

Levin Gerald, *Short Essays Models for Composition*, (New York NY: Harcourt Braces Jovanovich, Inc., 1977).

Llerena Mario, *Un Manual de Estilo*, (Miami, Florida: Logoi Inc., 1999).

Lund E. y Alice Luce, *Introducción a la Hermenéutica Bíblica*, (Miami, Florida: Editorial Vida. 1975).

Martin Le Roy, *Hermenéutica Bíblica Claves esenciales para la Interpretación de la Biblia*, (Miami, Florida: Gospel Press/Senda de Vida, 2011).

Martínez José M., *Hermenéutica Bíblica Cómo Interpretar las Sagradas Escrituras*, (Barcelona, España: Libros CLIE, 1984).

Patterson Benton Rain, *Write to Be Read a Practical Guide to Feature Writing*, (Ames, Iowa: The Iowa State University Press, 1986).

Reese William L, *Dictionary of Philosophy and Religion Eastern and Western Thought*, (Atlantic Highlands, N. J.: The Harvester Press, 1980).

Saint de Berberián Martha, *Cómo Escribir y Predicar con Eficacia*, (Barcelona, España: Editorial Clie, 1988).

------*Técnicas de Investigación*, (Guatemala: Ediciones Sa – Ber, 2006).

Schultz Thom & Joani, *Por Qué Nadie Aprende Mucho de Nada en la Iglesia y Cómo Remediarlo*, (Loveland, Colorado: Editorial Acción, 1996).

Sproul R. C., *Cómo Estudiar e Interpretar la Biblia*, (Miami, Florida: Logoi, Inc., 2004).

Vivaldi G. Martín, *Curso de Redacción del Pensamiento a la Palabra*, (Madrid, España: Paraninfo S. A., 1986).

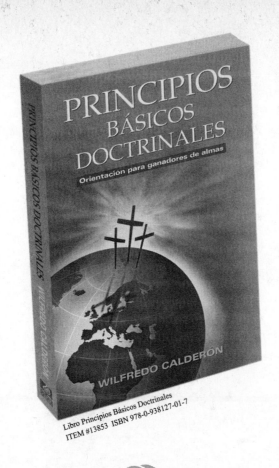

Libro Principios Básicos Doctrinales
ITEM #13853 ISBN 978-0-938127-01-7

Principios Básicos Doctrinales

Ha sido diseñado con el propósito de que sirva como curso inicial al estudio de la doctrina cristiana. Debería ser considerado una introducción al programa de Teología Bíblica e impartirse en los institutos de capacitación bíblico-ministerial. *Principios Básicos Doctrinales* consta de once temas. Su finalidad es preparar al estudiante como un obrero apto para cumplir cualquier actividad en la viña del Señor.

Claves esenciales para la
interpretación de la Biblia

Lee Roy Martin

Él le dijo: ¿Qué está escrito...? y ¿Cómo lo interpretas?
Lucas 10.26

Libro Hermenéutica Bíblica ITEM #13892 ISBN 978-1-92868671-2

Hermenéutica Bíblica

Entender la Biblia es un verdadero desafío que exige el conocimiento y dominio de las reglas y principios para su correcta interpretación. Consideramos que el curso de *Hermenéutica Bíblica* abre el camino a la comprensión de las Sagradas Escrituras.

Guía de Trabajo
Teología Bíblica
ITEM #13902
ISBN 978-1-928686-48-4

Libro Teología Bíblica ITEM #13802 ISBN 978-1-928686-20-0

Teología Bíblica

Teología es el estudio acerca de Dios y de todo lo referente a su divinidad. La misma se basa en su revelación al hombre a través de las Sagradas Escrituras. El curso de *Teología Bíblica* fue escrito para la preparación de aquellos hombres y mujeres llamados al servicio ministerial.

Guía de Trabajo Liderazgo Cristiano
ITEM #13901
ISBN 978-1-928686-24-8

Libro Liderazgo Cristiano ITEM #13865 ISBN 978-0-938127-38-3

Liderazgo Cristiano

El texto *Liderazgo Cristiano y sus nueve elementos esenciales* aporta importantes conocimientos al líder cristiano. En este curso el estudiante crecerá en el Llamamiento, Perspectiva, Convicción, Habilidad, Motivación, Estrategia, Autoridad, Amor e Integridad para ejercer su liderazgo espiritual.

Guía de Trabajo Teología Bíblica
ITEM #13903
ISBN 978-1-928686-49-1

Libro Pedagogía Práctica ITEM #13873 ISBN 978-0-938127-90-1

Pedagogía Práctica

El curso de *Pedagogía Práctica* posibilita a los maestros en formación dar los pasos preliminares para el cumplimiento del mandato del Señor: *"Id y haced discípulos... enseñándoles que guarden todas las cosas que os he mandado"* (Mateo 28:20).

173

Guía de Trabajo Panorama
del Antiguo Testamento
ITEM #13899
ISBN 978-1-928686-22-4

Libro Panorama del Antiguo Testamento
ITEM #13863 ISBN 978-0-938127-42-0

Panorama del Antiguo Testamento

Panorama del Antiguo Testamento aporta un caudal valioso de información histórica y geográfica del mundo bíblico. El estudiante disfrutará de vivencias inolvidables al poder trasladarse imaginariamente a espacios, lugares y épocas de la antigüedad, así como conocer personajes y eventos históricos.

Guía de Trabajo Panorama
del Nuevo Testamento
ITEM #13900
ISBN 978-1-928686-23-1

Libro Panorama del Nuevo Testamento
ITEM #13864 ISBN 978-0-938127-43-7

Panorama del Nuevo Testamento

El estudiante encontrará en el curso *Panorama del Nuevo Testamento* una valiosa información para su formación
ministerial, que le ayudará a consolidar sus conocimientos
bíblicos y a fortalecer su fe cristiana.

Curso Básico para la formación (5 libros) ITEM #13904

Curso Básico para la formación
del educador cristiano

El *Curso Básico para la formación del educador cristiano* está conformado por una colección de cinco textos, contenidos en una lujosa caja de imitación de piel e impresa con letras doradas.